結果を勝ち取る！

実戦のFX
テクニカル

standards

は じ め に

インターネットの発達した現代では「FX　テクニカル」と検索すると、ローソク足をはじめとしたテクニカル指標の基本的な知識はほとんど手に入れることができます。しかし、そうやって得た知識をいざ実戦で使ってみると、書かれていたサイン通りに価格が動かないといったことも多くあり、結局何を根拠にトレードしていいのかわからずに、「100%」「正解」といった言葉を求めて迷走してしまうのです。

一方で、FX投資の世界ではこれらテクニカル分析で稼いでいる人たちがいます。相場に対してどのようなアプローチをするのかは各人で異なりますが、共通しているのは、自分の戦略や相場観に合わせて最適なテクニカルを選択した上で、「無理やりなエントリーポイントを探さず、有利だと判断できるポイントでトレードを行う」という点です。その意味で、結果を出している人たちのテクニカルの使い方は再現性があり、その方法やトレードに至るまでの考え方を知ることが、トレードを上達させる近道になるのです。

本書は、そうした「実戦で使えるテクニカル」についての解説本です。監修は個人トレーダーとして実績のあるDakarさん、noriさん、田向宏行さんの三人にお願いしました。それぞれが、独自の考え方でテクニカルを応用して結果を出している凄腕トレーダーです。中心となる取引方法はもちろん、前提となる考え方や技も含めて惜しみなく解説しています。

FXを始めたばかりの人はもちろん、いまひとつ収支がプラスにならない人や、ある程度勝ててはいるけれど、さらに結果を出したい人にも、是非読んでもらいたい1冊となっています。

ただ、ひとつ注意していただきたいのが、本書は「トレンド系」「ライン」「オシレーター系」といった各方法論を網羅する形で書かれています。そのぶん、内容も盛りだくさんなため、あれもこれも取り入れ過ぎてしまうと、相場に対する視点が定まらず、迷ってしまう原因になってしまいます。

一通り目を通して気になる技があれば、それに集中して身に着けるという意識を持ってほしいのです。基本的には、相場で使う技を絞ったうえで、定点観測していくことが、実戦で勝てるようになるための近道です。

2020年8月　中野佑也

本書の(読)(み)(方)

本書はFX投資を対象にして、稼ぐトレーダーが使うテクニカルの技を紹介しています。

「見出し」は、その技を行うことで得られる効果を前面に出すことで、その技に興味を持った読者に読んでもらうことを前提にしています。

「通し番号」はトレンド系、ライン、オシレーター系、チャートパターン、出来高・注文状況と、各Sectionごとに振り分けています。これは本文などにおいて、関係する技も併せて確認できるよう「section.1の000」と入れています。

通し番号の下にある「名前」は、各トレーダーが独自で使っているものや、一連の技である場合に、入れています。

欄外の「用語解説」には、必要に応じ、その技内で触れた言葉を解説していますので、参考にしていただければ幸いです。

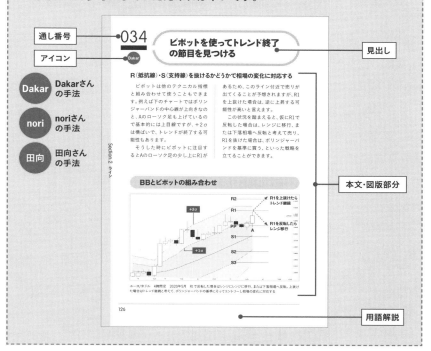

通し番号

アイコン

Dakar	Dakarさんの手法
nori	noriさんの手法
田向	田向さんの手法

見出し

本文・図版部分

用語解説

目 次

Section.1

トレンド系 ……………………………………………… 13

Section.2

ライン

Section.3

オシレーター系 ·································· 127

オシレーター系のテクニカル指標　概要 ································· 128

Section.4

チャートパターン … 167

Section.5

出来高・注文状況 ············ 183

お読みください

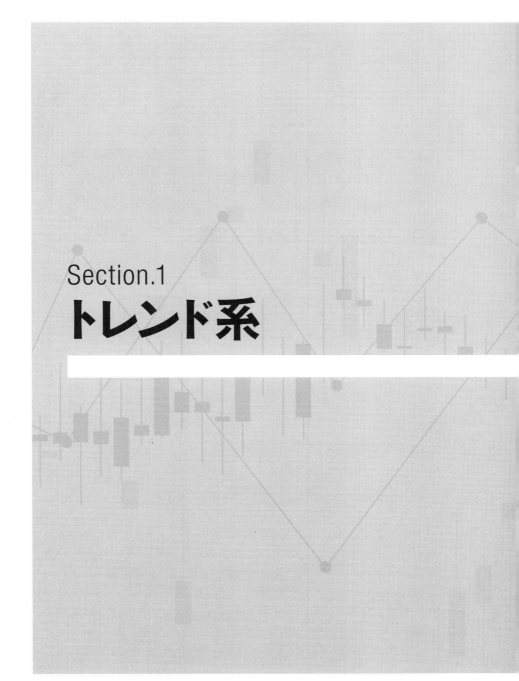

Section.1
トレンド系

トレンド系のテクニカル指標
概要

「トレンドが出ているかどうか」を判断するために使う

直近の値動きがトレンド相場なのか、それともレンジ相場なのかを認識しておくことはトレードにおいてとても重要です。レンジ相場で順張りしてしまうと損切りが続くことになりますし、トレンド相場で逆張りしてしまうと、大きな含み損を抱えてしまう可能性もあります。自分の採用する戦略に適した相場を選ぶことができなければ、トレードで収益を上げることが難しいです。トレンド系のテクニカル指標はそうしたトレンドの有無を確認するのはもちろん、使い方次第で、実際にどのようなポイントでエントリーや利確すれば良いのかを判断するためにも活用できます。

移動平均線はみんなが見ているからこそ価値がある

移動平均線は相場に誕生してからの歴史も古く、相場で知らない人はまずいないトレンド系のテクニカル指標です。「見ている人が多い」というのはテクニカル指標を使う上で非常に重要で、移動平均線が支持・抵抗線として意識されるため、トレンド転換や継続のポイントとして機能しやすくなるのです。その意味で、教科書的なゴールデンクロスやデッドクロスだけを見て取引するのはもったいなく思います。例えばグランビルの法則のように、1本だけでも売り買いどちらでも、エント

リーする場所を分析することができます。また、複数本組み合わせて、エントリーに適したトレンドなのか、そうでないのかといった判断や、価格との位置関係をパターンで分析していくことも可能です。移動平均線はこれら根拠の上乗せの土台になります。仕組みがシンプルな上に相場の参加者がもっとも意識するテクニカルだからです、移動平均線の価値は非常に高いものと言えます。

「何を分析するか」をはっきりさせると効果的に使うことができる

Section1では、移動平均線の他にも「ボリンジャーバンド」や、日本生まれのテクニカル指標である「一目均衡表」で使える技も解説しています。これらのテクニカル指標は、移動平均線よりも多機能で、例えばボリンジャーバンドであれば、トレンド分析はもちろん、相場のボラティリティや、価格とバンドの位置からトレンドの安定度を計ることも可能です。また、一目均衡表は合計5つのパーツごとに役割が異なり、色々な角度から分析を行うことができます。

ただ、多機能だからトレードに勝てるというわけでありません。「利確の基準を明確にしたいから、ボリンジャーバンドの±2σを表示させる」「トレンドの転換点を知るために雲を表示指せる」というように、それぞれのテクニカル指標がどんな役割を持つかを把握したうえで、「自分が何を分析したいのか」という目的ごとに使い分けることによって、トレードの指針を作りやすくなります。

移動平均線を使うと
トレンドの方向感がわかる

線の「向き」を見れば上下どちらかの偏りを理解しやすくなる

最も基本的なテクニカル指標である移動平均線は、その名前が示すように一定期間の価格（多くは終値）の平均値をチャート上に描画して、その点をつないでできたグラフのことです（※）。一定期間の中で買っている人が多ければ、移動平均線は上向きになりますし、売っている人が多ければ移動平均線は下向きになります。

つまり、移動平均線の「向き」を見て、上下どちらかに偏りがある場合は、その方向にトレンドが出ていることが視覚的に理解しやすくなるのです。

これは、トレンドの方向という意味でもそうなのですが、移動平均線が横ばいで推移している場合は、「トレンドが出ていない＝レンジ相場」という判断もできます。そうすると、移動平均線が横ばいから上向き（もしくは下向き）に変化した場合は、レンジ相場からトレンド相場に移行したことが判断できますし、下向きから上向きになった場合は、下降トレンドから上昇トレンドに移行したと判断できます。

これが移動平均線をチャート上に表示させる、最も基本的かつ重要な理由です。

※単純移動平均線（SMA）の場合

移動平均線の上か下かでトレンドを判断

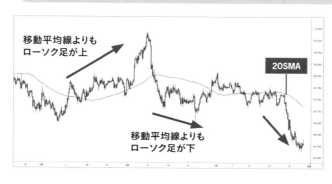

移動平均線よりも
ローソク足が上

20SMA

移動平均線よりも
ローソク足が下

米ドル/円　4時間足
2020年4月〜7月

002

移動平均線は抵抗線・支持線としても意識されている

トレンド方向の勢いが弱まったら移動平均線での反発に注目

移動平均線には向きを見ることでトレンドの有無を判断する以外に、支持線・抵抗線として意識されるという性質があります。

移動平均線はそのシンプルな仕組みで、相場に参加する多くの人が参考にしているテクニカル指標です。その意味で、テクニカル指標は相場で意識する人が多ければ多いほど抵抗線・支持線として機能します。

つまり、移動平均線が上向きの状態で、ローソク足も陽線が続いて「上昇トレンドが出ている」と判断できるとき、一度ローソク足の勢いが弱まっても、移動平均線が支持線になることを想定して、押し目買いが入ることも多いのです。

反対に、ローソク足がそのまま移動平均線を割った場合、今度は支持線が抵抗線として入れ替わり、一度反発しても、移動平均線付近で売りが入り、跳ね返されるといった動きになることもよくあります。

抵抗・指示線として意識されている移動平均線の例

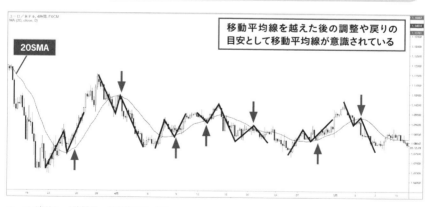

ユーロ./米ドル　4時間足　2020年3月〜5月

トレンドの強弱を
複数の移動平均線で判断する

2本の移動平均線を表示させることで、トレンドの始まりか
単なる調整かが格段に判断しやすくなる

移動平均線は1本表示させるだけでも、その向きでトレンドの有無を判断できますが、複数本表示させることで、そのトレンドの強弱も判断できるようになります。

例えば短期線として20SMA（日足の場合、20日移動平均線）、長期線として100SMA（日足の場合、100日移動平均線）という2本の移動平均線を表示した場合、値動きに対して短期線である20SMAの方が早く反応します。

そのため、図①の①の枠のように、下降トレンドから転換するような値動きであれば、20SMAが先に上向きになり100SMAを上抜けた後に、100SMAも徐々に上向いてきてトレンド転換となります。

一方で、20SMAが先に上向いていても、100SMAとクロスしないまま再度下向くことも多くあります。

日足で表示した場合、20SMAは約1カ月間の価格の平均値、100SMAは5カ月間の価格の平均値ということになります。このことを踏まえて考えると、20SMAの向きというのは、相対的に短期で取引しているトレー

ダーの動向を、100SMAは相対的に長期で取引しているトレーダーの動向をそれぞれ表していると考えることもできます。

つまり、100SMAが下向きで20SMAが上向きになっている場合は、長期のトレーダーの多くが売っている中で、短期のトレーダーが買っている状況なので、上向きのトレンドとしては弱い状況です。

逆に、図①の②の枠のように20SMAが100SMAを上抜けた後、徐々に100SMAも上向いてきた場合、短期トレーダーと長期トレーダーの動向が一致している状況なので、上向きのトレンドとしては強いと判断でき、順張りするのであればこうしたタイミングで買うという戦略が立てられます。

また、トレンドの転換は常に短期から始まるので、短期線が長期線をクロスするタイミングに注目しておくといいでしょう。

複数表示させると値動きの強弱が判断できる

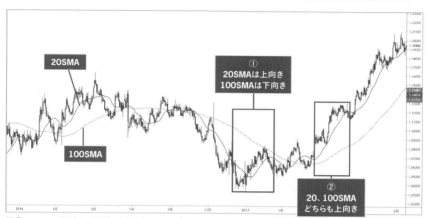

図① ユーロ/米ドル 日足 2016年～2018年 20SMAと100SMAの2本の移動平均線を表示させたチャート。
20SMAが先に上向いても、100SMAが下向きのままの場合、トレンドとしては弱いことが判断できる

図② ユーロ/円 1時間足 2020年4月～5月
こちらは移動平均線を3本表示させたもの。3本の向きが綺麗に並んだポイントはトレンドの勢いが強いことがわかる

Section.1 トレンド系

019

定番の「グランビルの法則」において実践で狙うべきポイント

トレンドに順張りするなら①〜③の法則を中心にエントリーポイントを探す

移動平均線を使った手法をトレードに活用する場合、「グランビルの法則」におけるエントリーポイントは必ず押さえておくべきでしょう。

この手法は1960年代に提唱された売買手法であるため、古めかしい印象を受けますが、50年以上経過した現在でも相場の基本であり、多くのトレーダーに意識されていることから理解しておくだけでも価値があります。

考え方は非常にシンプルで、移動平均線に対するローソク足の位置を見て、売りと買いそれぞれ4つ、合計8つのエントリーポイントを分析します。

図①のチャートでは買いの場合のエントリーポイントを表示しています。

①移動平均線が下降した後、横ばいか上昇に転じる場面で価格（ローソク足）が移動平均線を下から上に抜けたら買います。

②移動平均線が上向きで、価格が移動平均線を一度下に抜けたら反転を確認して買っていきます。

③上昇している移動平均線に向かって価格が下降し、移動平均線を下抜けずに反転し、再度上昇していく場面で買います。

④上昇していた移動平均線が下を向き始め、価格が移動平均線から大きく離れて下降してそこから切り替えした場面で買っていきます。

売りの場合は、買いのルールをそのまま反転させたもので、図②のチャートに表示した通りです。

グランビルの法則を実際のチャートに当てはめてトレードしていく場合、①〜④が並列に認識されていますが、④だけはトレンドの天井・底で反発した後の反転を狙うエントリーとなるため注意が必要です。

実際、④を想定して早めにエントリーしてしまうと、切り替えしがないまま逆のトレンドが始まってしまうことも多く、高値掴みにつながりやすいポイントでもあります。

順張りの戦略であれば、①〜③を意識したエントリーを狙っていく方が成績の向上につながります。

①〜④のサインが出ているチャート

図① ポンド/円 4時間足 2020年5月〜6月 ①上昇に転じる場面で価格が移動平均線を上抜けたら買い ②価格が移動平均線を下抜け後、反転を見て買い ③移動平均線に向けて価格が下降し、下抜けずに反転したら買い

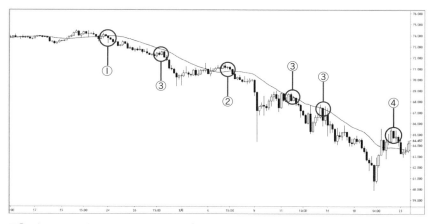

図② 豪ドル/円 4時間足 2020年2月〜3月 ①下降に転じる場面で価格が移動平均線を下抜けたらけたら売り ②価格が移動平均線を上抜け後、反転を見て売り ③移動平均線に向けて価格が上昇し、上抜けずに反転したら売り

005

複数の移動平均線で同じサインが出れば根拠が強固になる

3本の移動平均線でグランビル③を探してエントリー

Section1の004と関連して、グランビルの買い③、売り③のポイントは大きなトレンドの流れの途中で、一度反対方向に調整した後に伸びていく動きを狙ってエントリーする方法です。

noriさんは3本の移動平均線（20SMA、40SMA、75EMA）を表示させ、3本に買い③、売り③の条件が整うタイミングを待ってからエントリーします。グランビルの法則自体は1本の移動平均線で説明されることが多いですが、3本を同時に表示させてサインが重なるポイントはより

強い根拠として考えることができるのです。

買いであれば3本の移動平均線が上から20SMA、40SMA、75EMAの順にパーフェクトオーダー（※）で並んだところに、ローソク足が下向きに寄ってきて反発するタイミングでエントリーします。売りの場合も考え方は同様です。

ただ、上記のエントリー条件に当てはまる各MAの並びになった場合でも、75EMAを抜けてそのまま反転していくようならエントリーは控えた方がいいでしょう。

3本の移動平均線とローソク足の関係で売買を判断

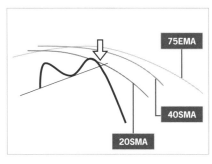

下落のときは各MAが収縮から拡散に変わるときに、切り上げラインを引いて、抜けるかを判断し売る

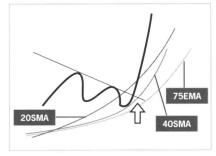

上昇時は、パーフェクトオーダーでローソク足が20SMAに寄ってきたときに切り下げラインを引いて買う

パーフェクトオーダー ❓ 3本以上の移動平均線が交わらずに同じ向きで並ぶこと

006

nori

3本の移動平均線を「絵」で見てエントリーをはかる

トレンドの流れを移動平均線の「パターン」を使って見極める

　順張りでトレードする場合に重要なのは「トレンドの流れをしっかりと掴む」ことです。これができていれば、エントリー直後から含み益になりやすいですし、利益の幅も大きくなります。

　noriさんはそうしたタイミングを見極めるために、Section1の005の3本の移動平均線を活用し、これらの組み合わせを「絵（≒パターン）」として見ることでエントリータイミングを見極めています。

　基本的にエントリーは、20SMAと40SMAの間にできる帯（Section1の010参照）とローソク足を見て判断します。

　例えば下の図ではAのポイントで20SMAと40SMAが上げる形になっています。しかし、大きな相場の流れを示す75EMAは下向きのままなので、ここで20SMAと40SMAだけを根拠とすると、トレンドに逆行することになるため、エントリーを控えます。

条件が整っていない場所でのエントリーを避ける

豪ドル/米ドル　15分足　7月

007

nori

3本の移動平均線の組み合わせで トレンドが継続しやすい場面がわかる

基本は75EMAより 価格が上下にあることが前提

noriさんが使っている「3本の移動平均線のパターン」を使った分析手法は、Section1の005で解説した形状を基本形として、そこから3本の組み合わせを細かく分けると「上げ（下げ）やすい形」は、買いと売りでそれぞれ大きく4つに分類することができます。上げやすいパターンは図①、下げやすいパターンは図②に示した通りです。

実際の値動きでは完全にこの通りになるわけではありませんが、noriさんはこれらのパターンを頭に入れておき、似た状況になれば切り上げ・切り下げライン（Section2参照）をブレイクする動きが出た場合のみトレードを行っているそうです。

図① 上げやすい4つのパターン

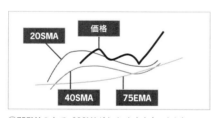

①75EMAの上で、20SMAがクイッと上を向いたとき

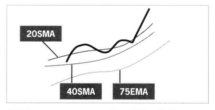

②20SMA、40SMA、75EMAがつかず離れず、緩やかに上がっていくとき

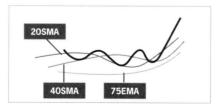

③75EMAの上で、20SMAと40SMAが反転したあと、再びパーフェクトオーダーになったとき

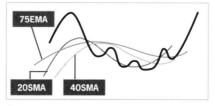

④一度、下向きのパーフェクトオーダーになるが、価格が下がりきらず、再び20SMAの上に価格（ローソク足）が乗ってきたとき

図② 下げやすい4つのパターン

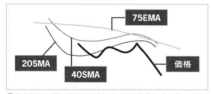

①75EMAの下で20MAがクイっと下を向いたとき

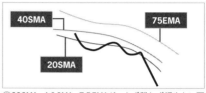

②20SMA、40SMA、75EMAがつかず離れず緩やかに下がっていくとき

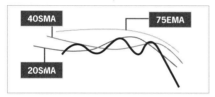

③75EMAの下で、20SMAと40SMAが反転し、その後、再びパーフェクトオーダーになったとき

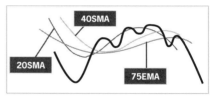

④一度上向きのパーフェクトオーダーになるが、価格が上がり切らず、再び20SMAの下に価格（ローソク足）が乗ってきたとき

図③ 実例（下げやすいパターン）

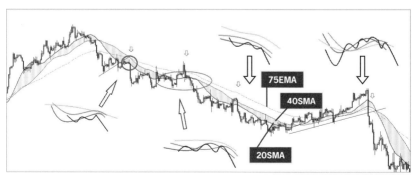

図②で解説した4つのパターンが、一連の下降トレンドで出ている

008

トレンド転換は移動平均線の拡散→収縮→拡散に注目

転換時のエントリーはできるだけ期待値が高いポイントに絞る

　3本の移動平均線を使ったエントリーを行う場合、noriさんは基本的にSection1の007で解説したタイミングで入りますが、応用としてトレンドの転換時に入ることもあります。

　それが下の図で示した「拡散していた3本の移動平均線が収縮して、再び拡散していくタイミングでの転換」を狙ったエントリーです。

　基本的にトレンドは一方向の動きが落ち着いたあと、何度か反対方向への動きを試していくなかで、レ ンジから次のトレンドにつながっていきます。3本の移動平均線を表示することで、次のトレンドができる動きを視覚的に判断しやすくなりますし、トレンドをフォローしていく戦略であれば、次の方向感が定まっていない状況での取引は期待値が低くなります。

　そのため、転換点で狙っていくとなれば、こうした反転の動きが確定したと想定できるタイミングでエントリーできれば流れに乗りやすいでしょう。

反転時にエントリーできるパターン

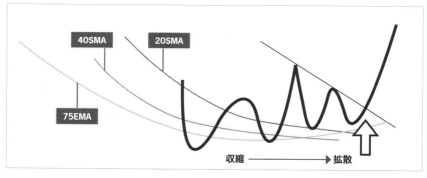

移動平均線が拡散していくタイミングで、値動きが切り上げ・切り下げするかどうかにも注目する

Section.1　トレンド系

009

nori

ローソク足を消すと
純粋な形に集中できる

パターン認識は「迷い」をいかに減らせるかがポイントになる

トレンドの有無など、実際のエントリー前に相場の環境を見ていく際に、チャート上からローソク足を消した方が、それぞれのテクニカル指標の純粋な形に集中できることがあるとnoriさんは言います。

下の図は3本の移動平均線を表示させた上で、ローソク足を消したものです。例えば〇で囲った転換やトレンド継続のポイントではローソク足が交錯するため判断に迷いがちですが、移動平均線だけを追っていくと、トレードすべきかどうかが視覚的にわかりやすくなっています。チャートチェックの考え方として、まずはローソク足を消して環境認識を行い、そのあとローソク足を参考にエントリーポイントを考えていく、という手順を踏むことで、期待値の少ない場面でのエントリーを減らすことができるのです。

なお、メタトレーダー（MT）を使っている場合は、ローソク足をラインチャートに変更して、配色を「NONE」にすると画面上からローソク足を消すことができます。

Section.1 トレンド系

ローソク足を消して移動平均線のみを表示

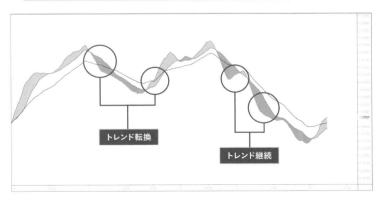

ポンド/米ドル　15分足　ローソク足を消すと、図のように純粋な移動平均線の形のみに集中できる。直近の動きがトレンド下にあるのか、転換しそうかなどを確認してから、ローソク足を踏まえてエントリーポイントを考える

メタトレーダー　メタクウォーツ社が提供しているトレードツール　　　環境認識　現在の相場の方向性を分析すること

「MA ribbon」を使うと
優位性のある場面が判断しやすい

強いトレンドかそうでないかを
視覚的に明確にしてくれる

　移動平均線を使ってチャート分析を行う場合、シンプルに線だけを表示する形でも問題はありません。

　ただ、複数の移動平均線を使う場合、メタトレーダー（MT）やTrading Viewなどで導入できる、「2本の移動平均線の間にある空白を塗りつぶして帯状（リボン）にするツール」を使うと、優位性のある場面をより視覚化しやすくなります。

　noriさんもこのツールをトレード分析に組み込んでおり、図①は20SMA、40SMA、75EMAの3本の移動平均線のうち、20SMAと40SMAの間を塗りつぶしています。

　下降トレンドでは20SMAが40SMAの下で動いているため、間に濃い色がついて帯状になっていることが分かります。上昇トレンドは反対に薄い色がついて、こちらもトレンドが強い場面では帯が広がっています。

　つまり、帯がしっかりと出ていると視覚的にわかる部分は、トレンドが強い場面と判断ができますし、その方向に順張りした方が優位性が高いと理解できます。

　反対に、図②の○で囲ったポイントのように、帯の間隔が狭く、濃い色と薄い色が交互に出ている場面は、トレードしても利益が出しづらい状況とも考えることができます。

　このツールに関して、noriさんはMT4のインジケーター（下記ＵＲＬ参照）を使っていますが、MT5ユーザーでも似たインジケータを使用することができます。

　・MT5用　MA ribbon
https://www.mql5.com/en/code/16495

　・MT4用 MA ribbon
https://ux.getuploader.com/shiyuki300/download/5/MA+ribbon.ex4

　Trading Viewの場合はインジケーターの検索欄で「Moving Average Ribbon」と入力すると、導入できます。

Trading View 投資家向けSNS機能を持ったチャートツール

リボンとローソク足の関係に注目

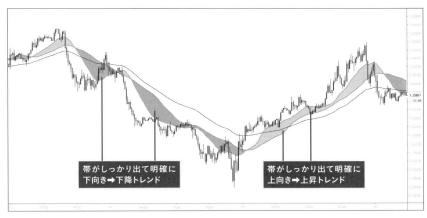

帯がしっかり出て明確に
下向き➡下降トレンド

帯がしっかり出て明確に
上向き➡上昇トレンド

図① ポンド/米ドル 15分足 ツールを使って2本のMAの間にできた「スペースを塗りつぶしたチャート」。帯がしっかりと出ている場合、トレンドが強い場面ということが視覚的に判断できる

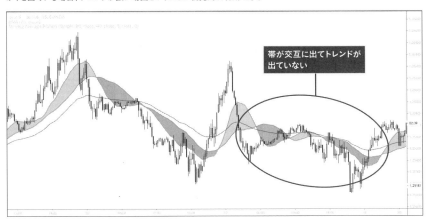

帯が交互に出てトレンドが
出ていない

図② ポンド/米ドル 15分足 〇で囲んだ部分は帯の間隔が狭く、濃い色と薄い色が交互に入れ替わっていて、トレードをしても利益を出しづらい場面

011

nori

価格の「行き過ぎ」は75EMAと 40SMAのかい離で判断

「上げ（下げ）しやすい形」でも避けるべき状況

移動平均線を使ったnoriさんの手法の大筋はSection1の005から010の通りですが、実際のローソク足で見ていくと、「上げやすい形」「下げやすい形」と完全に一致しない状況もあります。

そのような時、エントリーしない場面を判断する要素として、「40SMAと75EMAのかい離」を見るという方法があります。

下の図の〇で示したBのポイントを見ると、下降トレンドの中で、ロ ーソク足が20SMAと40SMAに近づいているため、売りができるパターンのようにも見えます。ただ、ひとつ前のエントリーポイントAと比較すると、40SMAと75EMAの間隔が広がっていることがわかります

こうした2本のMAのかい離が広がっている状況では、トレンド途中とはいえ、売られすぎと判断して強い買いが出て値動きも伸びづらくなるので、売りエントリーは避けた方がいいでしょう。

2本が開きすぎている場面ではエントリーを避ける

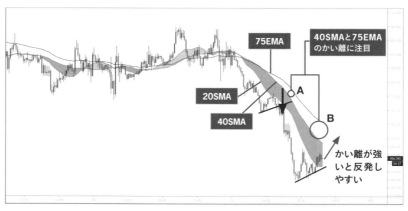

米ドル/円　15分足　AとBは各MAの並びで見るとエントリーの条件を満たしている。しかし。40SMAと75EMAのかい離を見ると、Bはかい離が大きく買いが出やすい状況であるため、エントリーは避ける

Section.1 トレンド系

030

012

nori

「勢い」もエントリーしない場面を見極めるための基準になる

上昇（下降）の勢いが強すぎる場合は、深い戻しになりやすい

Section1の011では40SMAと75EMAのかい離を見てエントリーしないポイントを見分ける方法を解説しましたが、それに関連して「ローソク足の勢い」を見ると、より判断の精度が上がります。

基本的にnoriさんは3本の移動平均線が上げやすい（下げやすい）パターンになったタイミングでも、そこにいたるひとつ前の波（動き）に勢いがありすぎる場合はエントリーに慎重になるそうです。

というのも、まず、第一に波の勢いがありすぎると、一度移動平均線まで戻しても、そこからの値幅（図のA参照）が期待できません。

また、価格に勢いがあると戻しも深くなりがちです。仮に切り上げ、切り下げラインを形成しても、確度が急であればトレンド方向へ進みづらいため、エントリーするには不利な場所なのです（図のB参照）。

Section.1 トレンド系

価格の勢いが強すぎる場面でもエントリーを避ける

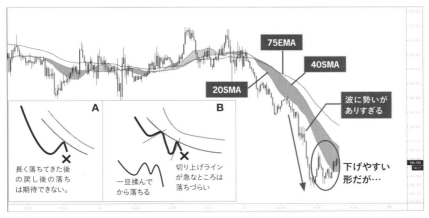

米ドル/円　15分足　価格の勢いの強さを見てもエントリーする場所、しない場所の判断材料になる。基本的に○で囲ったポイントのような状況ではエントリーしない

013

田向

7本の移動平均線を使って
トレンドを「視覚化」する

7本がパーフェクトオーダーになる場所で
エントリーをする

移動平均線を複数表示する分析手法のバリエーションとして、田向さんが使っているのが「虹色チャート」です。

これは、色分けした7本の移動平均線を同時に表示する方法で、使っているパラメーターと色分けは以下の組み合わせの通りです。残念ながら本書では色分けできていませんが、実際のチャートに表示する際は、以下の配色に設定すると、「虹色」の移動平均線が再現できます

- ・5EMA（赤）
- ・10EMA（オレンジ）
- ・20EMA（黄）
- ・35EMA（ライトグリーン）
- ・50EMA（緑）
- ・75EMA（青）
- ・100EMA（紫）

田向さんはこの7本の移動平均線を使って「相場全体の流れ」を確認していて、大まかに、

7本全体が下向き＝下降トレンドが続いている状態

7本全体が上向き＝上昇トレンドが続いている状態

と判断します。

図①、②の例でいえば、矢印で示した箇所が虹色チャートにおける上昇トレンド、下降トレンドということになります。

田向さんは「個人投資家は相場の転換点でエントリーする必要はない」という考え方をベースに、7本の移動平均線でトレンドが確認できるタイミングでの順張りを基本方針にしています。

つまり、図②のAのポイントのように、7本の移動平均線がクロスしている場所は値動きの転換点と判断できるためエントリーは控え、徐々に7本が広がって綺麗な並び（パーフェクトオーダー）になる場所でエントリーしていくという考え方です。

Section.1 トレンド系

7本の並びに注目

上から
| 5EMA |
| 10EMA |
| 20EMA |
| 35EMA |
| 50EMA |
| 75EMA |
| 100EMA |

図① ポンド/米ドル 4時間足 5～100EMAの7本の移動平均線が、数値の短い順に上からきれいに並び、典型的な上昇トレンドになっていることがわかる

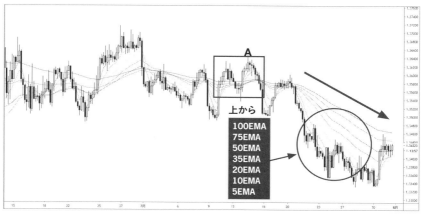

A

上から
| 100EMA |
| 75EMA |
| 50EMA |
| 35EMA |
| 20EMA |
| 10EMA |
| 5EMA |

図② 米ドル/カナダドル こちらは図①と反対に7本の移動平均線が、数値の長い順に上からきれいに並んでいる。このポイントは売りでのトレードが有利な場所だったことがわかる

5EMAと10EMAを使って売買のタイミングを分析

長期、短期トレーダーどちらもが足並みをそろえている状況でエントリーをする

　7本の移動平均線を使って分析してく場合、一方向に7本が綺麗に並びトレンドが出ている場所でエントリーポイントを探していくわけですが、具体的には「5EMAと10EMA」を使っていきます。

　例えば図①のように、長期の移動平均線が上向きに揃っていて、短期の移動平均線が少し乱れているような、状況だと、押し目買いが狙えることがあります。

　ここで短期の中でも特に5EMAと10EMAに注目します。比較的短い移動平均線をエントリーの基準とするのは、いわゆる「高値掴み」を減らして、より有利なポイントでエントリーするためです。

　というのも、長期の移動平均線を見てトレンドの有無が判断できていたとしても、価格は短期トレーダーの動向次第で細かく上下します。そのため、長期↑、短期↓という状況も相場では良く発生しますし、ここで買ってしまうとしばらく含み損に耐える必要が出てくるのです。

　そうした状況でエントリーするよりは、トレンドに逆らわずに長期、短期トレーダーどちらもが足並みを揃えて買っている時にエントリーすれば、直後に含み益が出ることも少なくありません。

　そのため、長期の移動平均線が一方向に並んでいて、5EMAと10EMAが離れてくると7本が綺麗に並ぶことになり、期待値が高い場面ということができるのです。

　だからこそ、図②で矢印を置いたポイントのように、交差している2本の線が徐々に離れてきたタイミングが買いのエントリーサインとなるのです。

5EMAと10EMAを見てエントリーする場所を探す

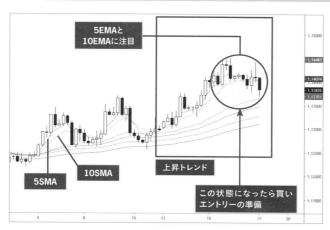

図① ユーロ/米ドル 4時間足 2020年6月〜7月 7本の移動平均線に注目すると、上昇トレンド中の押し目を形成中と判断できる。ここからの動きで5EMAと10EMAが離れてくるようであれば押し目を狙ってエントリーする

図② ユーロ/米ドル 4時間足 2020年6月〜7月 図①から数本ローソク足のを進めたチャート。想定通り5EMAと10EMAが離れ来たので、このタイミングでエントリーする

015

田向

ポジションの撤退は
5EMAと10EMAで判断

短期足の乱れは、
7本全体が崩れる前兆になる

　7本の移動平均線を使った分析について、決済もしくは損切りでポジションを撤退する場合は、短期の5EMAと10EMAが「クロス」したタイミングで判断します。

　これは田向さんが、相場に参加している全員が「トレンドが出ている」と判断できるポイントだけを取っていく、という方針をから、テクニカルにあてはめています。

　5EMAと10EMAがクロスする場面というのは、短期で見たトレンドがひと段落し、足並みが崩れる状況で

す。そのため図①のように、このクロスをきっかけにトレンドが崩れていくことも考えられますし、決済基準として最も良いポイントになります。

　これは含み益が乗っていない場合も同様で、例えば図③のチャートのように売りエントリーしてからローソク足が逆行して、5EMAと10EMAがクロスしたらひとまずポジションを決済し、次に5EMAと10EMAが離れるタイミングまで待てばいいでしょう。

トレンドの崩壊を5EMAと10EMAのクロスで察知

図①　NZドル/米ドル　4時間足　2019年12月〜2020年1月　上昇トレンドが崩れた例。こうした動きは常に5EMAと10EMAのクロスから始まるため、含み益を最大限残すという意味でも利確の場所として適している

5EMAと10EMAのクロスで撤退

図② 米ドル/カナダドル　4時間足　2020年5月～6月　下降トレンドが続いた後、5EMAと10EMAがクロスしている。ポジションを持っている場合はこうしたタイミングで利確するのが理想

図③ 米ドル/カナダドル　4時間足　2020年5月～6月　図②の続き。5EMAと10EMAが離れたポイントで売り、含み損が発生している場合も5EMAと10EMAのクロスで手仕舞いし、次のチャンスを待つ

20EMAで
損切り注文の場所を確認していく

トレンド下で20EMAに注目すると
ただの調整かトレンド転換かを判断する基準になる

Section1の014で5EMAと10EMAを使ったエントリー方法を説明しましたが、7本の移動平均線を使ったエントリー時には、必ず損切り注文を置いて直後の急変に備えておきます。この損切り注文の基準として20EMAに注目します。

田向さんの経験上、7本の移動平均線が綺麗に揃ってトレンド下にある状況では、相場の調整が一時的なもので終わるか、そのまま反転してレンジに移行するかは、20EMAがポイントとなることが多いそうです。

例えば図①の枠で示した箇所はまさに上昇トレンド中に調整してきた値動きですが、ここでは20EMAが抵抗線として機能していて、そこから再度トレンドに戻る動きにつながっています。

一方で図②のチャートでは、枠で示した動きの中で、大きく20EMAを下抜け、そこから7本の移動平均線の並びも徐々に崩れていっています。

つまり、トレンド下では20EMAを抜けるかどうかでレンジに移行するか、トレンドが継続するかという分析が可能になります。

この特性を利用して20EMAを基準として損切り注文を置いておくと、エントリー直後に価格が一時的に反発したとしても、損失額をできるだけ小さく収めつつ、利益を伸ばしていけるのです。

図①のチャートでもローソク足のヒゲが何度か20EMAを下抜けているように、20EMAとピッタリの位置に注文を置くと刈られやすい傾向にあるため、20EMAの少し下（上）に注文を置くとより効率的です。

ただ、20EMA自体も絶対的な指標ではないので、自分の考えとマーケットの動きが異なる場合、エントリー後早めに損切り注文を建値に移動させるという対応も常に頭に入れておくといいでしょう。

抵抗線・支持線として機能する20EMA

20EMAで反発

20EMA

図① ユーロ/米ドル 4時間足 2020年6月～7月 上昇トレンドの局面で、調整が入る度に20EMAが抵抗線となり反発している

20EMA

20EMAを下抜けてからトレンド転換

図② ユーロ/米ドル 4時間足 2020年5月～6月 図①を先に進めたチャート。価格が20EMAを明確に下抜けた後にトレンドが崩れている

017

田向

50EMAでさらに大きな
抵抗線・支持線を確認できる

トレンドが崩れるかどうかは50EMAが意識されやすい

　田向さんの移動平均線による抵抗線・支持線の考え方でいえば、50EMAはトレンドの継続か反転かを判断する上で重要なラインとなります。20EMAの場合、比較的短期トレーダーの動向を反映しているラインなので、ここを超えた場合でも再度トレンド方向に戻すこともよくあります。

　ただし、ローソク足が50EMAを超えてくると、比較的長期トレーダーの動向も反映することになるため、経験上、7本の移動平均線の並びが壊れていく傾向にあると田向さんはいいます。

　つまり、7本の移動平均線が綺麗な並びになった状態で、トレンドが崩れるか、ローソク足が反発して再度トレンド方向に向かうかを判断する際には50EMAがひとつの指針になり、抵抗線・支持線としても意識されやすいのです。

　トレード自体はSection1の014〜016で解説したように5〜20EMAを活用しますが、押し目・戻り高値を狙う場合、50EMAを一度抜けたら次のチャンスが巡ってくるまで時間が掛かるため、ひとまず「トレードしない時間」と判断して、次のチャンスを待った方がいいでしょう。

50EMAを下抜けてトレンドが崩れた例

50EMAを下抜けてからトレンドが崩れた

50EMA

ユーロ/米ドル
4時間足
2020年5月〜6月

018

田向

複数の時間軸を重ねて
トレンドの確度を上げる

15分足を見て「トレンドの最初の兆し」を見つける

　7本の移動平均線を使ってトレードする場合、田向さんは複数の時間軸に同じ7本を表示して、トレンドの有無やエントリーポイントを複合的に判断しています。

　使用するのは「4時間足」「1時間足」「15分足」の3つの時間軸です。大きな時間軸で並びの綺麗な通貨ペアを4時間足と1時間足で絞り込み、ふたつの時間軸どちらもトレンドが出ているかどうかを確認していきます。

　これができたら、短い時間軸（デイトレードであれば15分足、それよりも長いスパンであれば1時間足）でトレードするタイミングを計って

いきます。

　田向さんは基本的に長めの時間軸で取引しますが、15分足を見るのは「トレンドの最初の兆し」を見つけるためです。トレンドというのは短い時間軸から徐々に長い時間軸へと波及していくため、15分足レベルで7本が綺麗な並びになることで、初動がチェックできます。

　エントリーから決済までの流れは各時間軸で行いますが、仮に15分足でエントリーしたポジションがあって、トレンドが1時間足、4時間足と大きくなれば、その分、利幅を大きくすることも可能です。

Section.1　トレンド系

複数の時間軸で7本の移動平均線を表示

1時間足でトレンド確認

15分足でエントリーポイントを探す

ユーロ/米ドル
上　1時間足
下　15分足

041

019

田向

20EMAを使ったトレール注文で突発的な動きに対応する

トレールしていくことで突発的な値動きに対処する

Section1の016での田向さんの見方でエントリー後の損切り注文の位置は20EMAに置くという方法を紹介しました。ここから含み益が発生した場合、損切り注文の位置はそのままではなく、20EMAに沿ってずらしていく、「トレール注文」を行います。トレンドに沿ったエントリーができている場合、大抵は5EMAと10EMAがクロスする場所を見てい

けば問題なく利確できます。ただし、要人発言などの突発的な出来事による急騰、急落が起こった際に、短期EMAのクロスを待つと損失を広げてしまうケースもあります。

そうした事態への保険としても、基本的な決済のルールのほか、トレール注文を置いておくと、含み益を最大限伸ばしつつ、想定外の事態に対処することができます。

20EMAの動きに合わせて損切り注文をずらす

ユーロ/米ドル　1時間足　Section1の016のように、基本的には5EMAと10EMAのクロスで利確するが、保険として20EMAの下に損切り注文を置きトレールしていくことで、含み益を伸ばしつつ、保険をかけておくことができる

020

田向

価格が5EMAに戻る特性を利用して期待値を高める

5EMAまで戻す動きを待ってからトレンド方向に動くかどうかを判断

7本の移動平均線を使った手法では5EMAとローソク足の関係性を利用してさらに有利なポイントでエントリーする方法があります。

例えば下の図におけるAのポイントから見ると、長期の移動平均線は綺麗に揃ってきているなかで、大きな陰線が出て下向きのトレンドが出ています。こうした状況でSection1の014のルールを当てはめると、〇を置いた長い陰線でのエントリーとなります。ただ、EMAは直近価格に比重をかけた平均値であるため、「トレンド下ではローソク足は5EMAに戻す特性」があります。それを考慮すると、長い陰線の下ヒゲ部分は5EMAから離れているので、エントリーポイントとしては期待値が下がります。このような場合はそのままエントリーせずに、一度5EMAまで戻す動きを待ち、さらにトレンド方向に動くならエントリーします。

トレンドが継続するのであれば、ローソク足はいずれ5EMAからは離れていくことになりますし、そのタイミングでエントリーした方が期待値は高くなります。

5EMAに注目

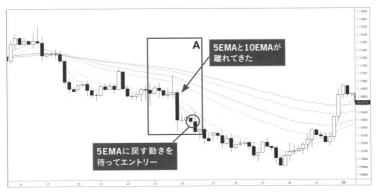

A

5EMAと10EMAが離れてきた

5EMAに戻す動きを待ってエントリー

ユーロ/米ドル　4時間　2020年1月〜2月

7本の移動平均線の重なりで
トレンドの「質」を判断

イベントなどの値動きと、トレンドでの動きを判別する

　7本の移動平均線を使うと、トレンドが出た場合の「質」を判断することもできます。

　この「質」というのは、順張りトレードを行う際にエントリーして利益を出しやすい上昇、下降の値動きのことで、要するに「綺麗なトレンドかどうか」ということです。

　例えば、図①において矢印で指したポイントは、長い陽線が連続で出ていることから、売り買いのバランスで言えば短期的に強く買われていることがわかります

　ただ、表示している7本の移動平均線を見ると、35〜100EMAといった、数字の大きいEMAが交差しています。さらに、続く動きを見ると、それらの数字の大きいEMAが、ようやく綺麗に並び始めたころには、強く下がる動きが出ていて、上昇分の値動きが相殺されています。

　このように、図①で見られるような移動平均線の並びは、要人発言などの突発的な出来事などのイベントがあったタイミングで発生することが多いです。そのため、一方向に動きが出ている場合でも、田向さんは

基本的に35〜100EMAが重なっている場面は「上昇、下降トレンドの質が良くない」と判断します。

　短期間での急騰・急落があるとついエントリーしたくなってしまいますが、ここで飛び乗ってしまうと高（安）値掴みになることも多く、エントリーは避けたい場面です。

　反対に、図②のように、下降トレンドから上昇トレンドに転換していく際の初動の動きが穏やかで、重なっていた35〜100EMAが徐々に綺麗な並びになる動きはトレンドの「質」が良いため、エントリーに適していると判断します。

　Section1の014〜020までで解説してきたように、田向さんの使う7本の移動平均線においては、エントリーや決済などは短めの移動平均線を使いますが、長めの時間軸の移動平均線の並びを確認することで、一方向の動きの「質」を確認することができるのです。

上昇の「質」が異なる2つのチャート

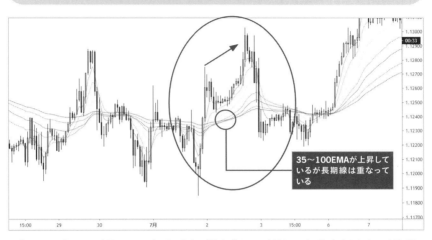

35〜100EMAが上昇しているが長期線は重なっている

図① ユーロ/米ドル 1時間足 2020年7月 矢印で指したポイントは上昇トレンドの並びになりかけているが、35〜100EMAが重なっていて、上昇の質があまりよくない

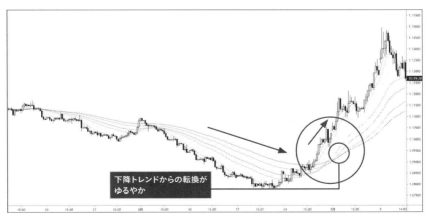

下降トレンドからの転換がゆるやか

図② ユーロ/米ドル 4時間足 2020年1月〜3月 こちらは下降トレンドからの転換の動きも含め、35〜100EMAの重なりも少なく、徐々に上昇トレンドが形成されていて、時間軸を短くしてもトレンドが形成されやすい

022

田向

長期が明確なトレンドなら 短期の揉み合い抜けのエントリーで 買い急ぎ（売り急ぎ）を防げる

長期で「売る（買う）しかない相場」でも 短期の揉み合いは避けてエントリーする

相場では時折、長期間に渡って一方向に強いトレンドが出ていることがあります。上昇トレンドの場合は7本の移動平均線を見ても、短いEMAから順に綺麗に並ぶ動きになることがあります。

図①のチャートのように、日足などの長期足で強い値動きになると、トレンド方向に対して逆張りを狙うトレードは不利になるため、7本の並びが崩れない限りは、「買うしかない相場」といえます。

ただ、長期足で明確なトレンドが出ていても、時間軸を短くすると大きなトレンドの中で多少の上下があります。

そのため、長期足の視点では「買うしかない」と思っていても、いざ、実際のトレードでは短期足を使ってエントリーポイントを探す際に、「ここで買ったら反転するかも……」と考えてしまい、なかなか買えずあせってしまうことが多々あります。

そんな場合に注目したいのが、図②の四角で囲んだ部分で、15分チャートでは7本の移動平均線が入り混じって、方向感がわかりません。

日足は明確に上昇中で、15分足は揉み合いなのであれば、揉み合い中でのエントリーは避け、上抜けて上昇し始めたタイミングでエントリーすればいいのです。損切り注文は前日の安値か当日の安値に置いておけば、もし反転しても損失額は小さく済むので、損を抑えつつ安心してトレードできます。

7本の移動平均線を使った基本的な売買ルールは前述した通りですが、長期足で明確なトレンドが確認できる場合は、このようなエントリーの考え方をすることであせりからの買い急ぎ、売り急ぎを防ぐことができます。

長期がトレンド、短期が揉み合いの例

> **7本の移動平均線が
> きれいに並び「買うし
> かない」相場**

図①ユーロ/米ドル　日足　2020年4月〜6月　7本の移動平均線が上から順に並び綺麗な上昇トレンドが出ている

揉み合い

買

**損切り
注文**

図②　ユーロ/米ドル　15分足　2020年6月　15分足で見ると揉み合っている部分がある。長期が明確にトレンドで
あるならば、そこでのエントリーは避け揉み合いを上抜けたところでエントリー。損切り注文は当日の安値に置く

単純移動平均線を先行させて
トレンドを明確にする

N期間ずらすことでトレンドの有無が視覚化しやすくなる

移動平均線のアレンジとして知られている指標のひとつに「DMA（Displaced Moving Average）」があります。DMAは端的に言えばSMA（単純移動平均線）をN期間、左右どちらかにずらした移動平均線のことです。

米国の著名投資家であるジョー・ディナポリが愛用しているテクニカル指標としても有名であるため、彼が使うDMAと他のテクニカルを組み合わせた分析手法を「ディナポリ」と呼びます。DMAは仕組みとしては

非常にシンプルですが、この「ずらし」を行うだけでダマシを減らしたり、トレンドの継続を視覚化できるようになります。下のチャートはSMA（上）とDMA（下）を表示したもので、ふたつの移動平均線の差を明確にするために、パラメータは3に設定しています。DMAはさらにそこから3期間（3×3DMAと表現されます）分、右にずらしているため、方向感がある部分がはっきりと認識できるようになるのです。

SMAとDMAの比較

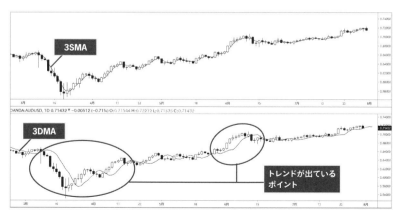

豪ドル/円　日足　2020年2月〜8月　3SMA（上）と3DMA（下）を表示したもの。3SMAではローソク足にほとんど張り付いているためトレンドを判断しづらいが、3DMAの場合、〇で囲んだ箇所のようにトレンドが認識しやすい

024

田向

ディナポリでは DMA を「3本で1組」として扱う

3本のDMAを使って流れのある場所を分析

Section1の023と関連して、ディナポリではDMA3本を組み合わせてチャート分析を行います。それぞれ短い順に

「3×3（SMAを計算する期間×右側にずらす期間）」

「7×5」

「25×5」

という数値で設定を行ったのが下のチャートです。また、ディナポ

リでは「ダブルレポ」や「スラスト」といったパターンを使って分析していきます。

日足や4時間足を確認して、ローソク足が3本のDMAよりも上なら上昇トレンド、下なら下降トレンドと判断する、といったように、パーフェクトオーダーになったポイントでトレンドの判断をする使い方も可能です。

ディナポリの設定を反映した3本のDMA

ユーロ/米ドル　4時間足　2020年3月〜4月　それぞれ「3×3」「7×5」「25×5」のDMAを表示したチャート。パーフェクトオーダーになった箇所を見ると、安定したトレンドが発生していることがわかる

ダブルレポ ❓ ディナポリにおける、反転のタイミングをとらえる手法

スラスト ❓ ディナポリにおけるトレンド発生を分析する指標

049

Section.1 トレンド系

025

田向

ディナポリは
「マルチタイム」で使う

長期の時間軸で流れを確認し
短期の時間軸でエントリー

　Section1の018では、田向さんが7本の移動平均線を使う際に、まず4時間足や日足などの上位足で流れを確認して、トレンドが発生していたら、下位足でエントリーという「複数の時間軸を重ねる（マルチタイム）方法」を解説しましたが、DMAでも同じ考え方が適用できます。

　図①と図②のチャートはユーロ/米ドルの日足と4時間足で、どちらもSection1の024で解説したディナポリのパラメーターを設定した3本のDMAを表示しています。

　まず図①を見ると、〇で囲ったAのポイントで3本のDMAのパーフェクトオーダーになっており、上昇トレンドが発生していると明確に判断できます。

　こうしたトレンドが確認できたら下位足を見ていくわけですが、エントリーするポイントを探す際にまず、DMAがトレンド方向（ここでは上向き）で動いているかを確認します。これが確認できた段階で、具体的なエントリーポイントを探します。

　その際に注目すべきは「価格が3

×3DMAの下に潜ったら準備を行い、価格が再度3×3DMAを上抜けるタイミング」です。この条件が整ったらエントリーにします。

　これを図②のチャートで見るとBのポイントが当てはまります。

　エントリー後は直近の安値に損切り注文を置き、トレンド方向に価格が伸びて安値を切り上げたら移動させてトレールを行います。

　図②のチャートに示したように、安値をブレイクしてトレンドが終了する場所で決済します。

　手法自体はトレンドの押し目、戻り高値を狙っていくシンプルなものですが、上手く波に乗ることができれば、利益を伸ばしやすく、エントリーポイントも明解です。

複数の時間軸を使って流れとタイミングを分析

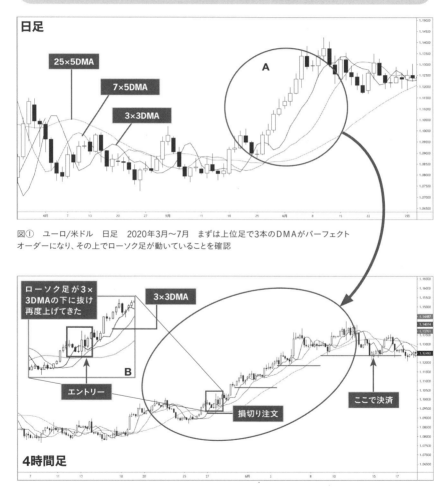

図①　ユーロ/米ドル　日足　2020年3月〜7月　まずは上位足で3本のDMAがパーフェクト
オーダーになり、その上でローソク足が動いていることを確認

図②　ユーロ/米ドル　4時間足　2020年5月〜6月　下位足では3本のDMAの方向をまず確認し、価格が3×3DMA
の下に潜ったら準備を行い、価格が再度3×3DMAを上抜けるタイミングでエントリーする

BBは「相場の方向性」＋「トレンドの質」がわかる

ボリンジャーバンド（BB）は「相場のボラティリティ」を判断できるトレンド系指標

移動平均線のほか、トレンド系の指標でポピュラーなのがボリンジャーバンドです。

このテクニカル指標は中心線（ミドルライン）である移動平均線と、上下に表示されたバンドというふたつの要素で構成されていて、一般的には中心線を含めた上下7本（±3σ）で使われることが多いようです。

ボリンジャーバンドを表示することで分析する要素は大きく分けてふたつあります。

まずは「相場の方向性」です。これは中心線が移動平均線であるため、シンプルに向きを見て判断します。例えば図①のチャートでは前半・中盤・後半とで、それぞれ中心線が下降・横ばい・上昇となっているため、トレンドとレンジの切り替わりがはっきりと判断できます。

もうひとつが「相場のボラティリティ」で、こちらはバンドの広がりに注目します。図②チャートの前半部分（A）を見ると下降トレンドが出ていますが、ローソク足が大きく中心線から離れる動きに合わせてバンドも大きく広がっています。

一方、後半の上昇トレンド（B）を見ると最終的な上昇幅は前半とほとんど変わらないですが、価格が何度も中心線に寄っては反発し、徐々に上に向かって動いていることから、前半と比較してあまり広がっていません。

σは「中心線に対して値動きがバンドの中に収まる一定の確率」を示しているため、広がれば広がるほど「ボラティリティが高い相場」と判断できます。

一般的にはイベントや突発的な出来事で価格が急騰・急落するケースでバンドが広がることが多く、ボラティリティが高い相場では反対方向への動きも大きくなるため、ポジションを持つ場合はエントリーや損切り注文を置く場所に注意する必要があります。

移動平均線のみを表示している場合、こうしたボラティリティの高低は判断しづらいことも多く、これもボリンジャーバンドを表示するメリットのひとつです。

バンドの広がりと、中心線の向きを確認

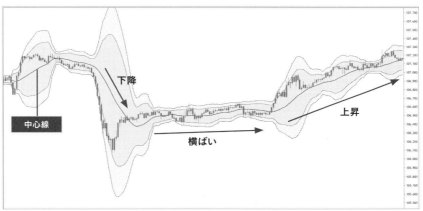

図① 米ドル/円 15分足 ボリンジャーバンドを見る場合、まずは中心線に注目する。中心線は移動平均線であるため方向を見ることでトレンドなのか、レンジなのかが判断できる

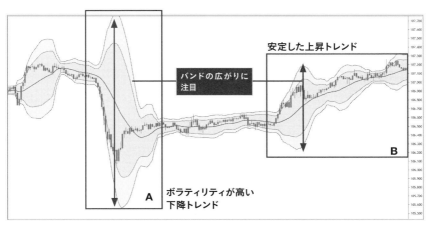

図② 米ドル/円 15分足 ボリンジャーバンドのもうひとつのポイントが、バンドの広がり。バンドの広がりが大きいほど、ボラティリティの高い相場ということが判断できる

Section.1 トレンド系

053

027

BBは値動きの上限・下限を ある程度想定できる

「±2〜3σで反発する可能性が高い」という特性を 踏まえて戦略を立てる

ボリンジャーバンドをチャートに表示するメリットのひとつとして、「値動きの上限・下限」をある程度想定できる、という点があります。

ボリンジャーバンドは±1〜3σのバンドがそれぞれ

±1σの範囲内に収まる確率
⇒　約68.3%
±2σの範囲内に収まる確率
⇒　約95.4%
±3σの範囲内に収まる確率
⇒　約99.7%

といった形で、値動きがバンドの中に収まる確率を示しています。

あくまで統計上の数字なので、絶対的なものではありませんが、図①のように値動きが±2〜3σ付近で止まったり、抜けてもすぐに戻してヒゲで終わることは多々あります。

つまり、「いくら急な値動きであっても、±2〜3σ付近で止まることが多い」という傾向があるのであれば、例えば急騰急落でエントリーしたような場合に、上限・下限付近でポジションの半分を決済して、価格がさらに伸びるなら残りで狙いにい

くといった戦略を立てることもできます。

また、図②の中盤のように、レンジ相場でバンドの幅が狭い状況から高値・安値をブレイクするような動きが出た場合は、一度±2〜3σで止められてから、トレンド方向に動いていくパターンもよく見られます。

Section1の004で解説したグランビル②や③のように、トレンドの途中から順張りする場合、一度価格が±2〜3σにぶつかってから押し目や戻り高値を探す、というルールを追加すると、期待値の高い場面を絞るヒントになります。

相場の上限、下限を想定した戦略

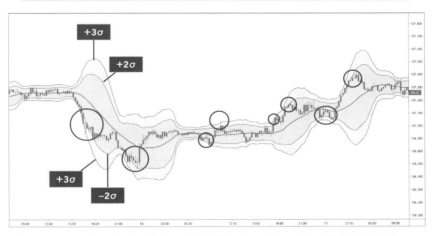

図① 米ドル/円 15分足 ○で囲んだポイントは価格がボリンジャーバンドの±2〜3σ付近で止められている

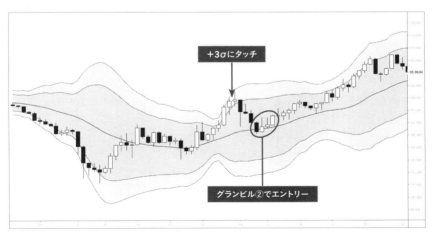

図② 米ドル/円 15分足 ±2〜3σに価格がタッチするということは、それだけ勢いが強いと考えることもできる。その前提をもとに、価格が調整してきたところでグランビル②、③の押しを狙ってエントリーする戦略もある

BBを逆張りで使うなら
レンジを狙うと確度が高まる

ボリンジャーバンドは逆張りで使われることが多いが
本来は順張り指標

ボリンジャーバンドを使った分析方法について、バンドが値動きの動く範囲をσによって確率的に示していることから、一般的には逆張りのテクニカル指標として使用しているトレーダーが多いようです。

ただ、開発者であるジョン・ボリンジャー氏はボリンジャーバンドをトレンドの持続を示したテクニカル指標と説明しています。

また、統計的に値動きが±3σの中に99.7％の確率で収まるとはいえ、±3σにタッチした後、一度調整してからさらにトレンド方向に価格が伸びることは多々あるため、そうしたトレンド方向への勢いを確認するのが本来的なボリンジャーバンドの使い方です。

しかし、逆張りの場面で全く使えないというわけではなく、特に図①のように中心線が横ばいでレンジになっている間はバンドの上限・下限での反発が起こりやすく、逆張りが有効な場面と言えます。

問題はレンジを想定してトレードを繰り返した際に、±2～3σを突き抜ける動きが起こって損切りが適切にできなくなったり、再度レンジに戻ってくると考えて無計画なナンピンを行うケースです。

そうした事態を防ぐためにも、中心線の向きやダウ理論のトレンド確定等を基準に「値動きがレンジか否か」を常に意識して、損切り注文の位置を明確にしておく必要があります。

特にボリンジャーバンドが横ばいで、上下が同じような幅で推移している状態はレンジの可能性が高いため、逆張りのチャンスと考えることもできます。

他にも図②のチャートのように高値や安値に水平線を引いたり、オシレーター系の指標などと併用すると、レンジの判断がやりやすくなります（Section2および3参照）。

**ダウ理論の
トレンド確定** チャールズ・ダウが提唱した理論。上昇トレンドであれば、価格が直近安値を下回らず、直近高値を上回るとトレンド確定となる。下降トレンドではその逆

トレンドかレンジなのかをはっきりと認識する

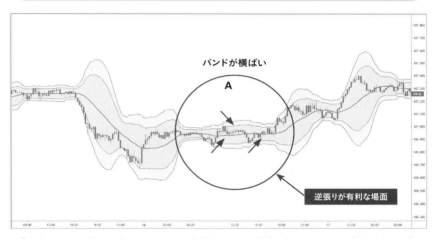

図① 米ドル/円 15分足 ボリンジャーバンドは基本的にトレンドの持続を確認するテクニカル指標だが、Aのポイントのようにレンジになっている状況では限定的に逆張りが機能しやすい

図② 米ドル/円 15分足 レンジかトレンドかを区別するには、ボリンジャーバンドの中心線以外にも、高値や安値に水平線を引いておくことで判断しやすくなる

029

BBの順張りは2つの状態で決済に向けたプランを構築する

バンドウォーク中ならトレンド継続
上限・下限に達した時点で決済に向けたプランを検討する

ボリンジャーバンドの本来の使い方である順張りでトレードを行う場合、中心線の向きに沿ってエントリーしていくわけですが、ポジションをどこまで保有するかはバンドとローソク足の関係を見て判断してきます。

例えば図①のように上昇トレンドが発生している状況下で、Aのポイントでエントリーしたとします。基本的に順張りの場合、トレンドの続く限りはポジションを保有していくわけですが、継続を判断する際に重要になるのが「バンドウォーク」です。

特に矢印で示している期間は、ローソク足がボリンジャーバンドの＋1～2σに挟まれる形で動いていて、この状態をバンドウォークといいます。こうした動きが出ている場合、トレンドも非常に安定する傾向にあるので、バンドウォークが続いている限り保有を続ける根拠となります。

ただ、図②のようにトレンドが終盤になると、反対方向の買い手や売り手が少なくなることで一気にトレ

ンド方向に価格が動く傾向にあり、±2σを大きく超えたり、＋3σに届くような動きが出た場合、

±2σの範囲内に収まる確率
⇒　約95.4％
±3σの範囲内に収まる確率
⇒　約99.7％

となるため、価格が＋3σを超えた位置で保たれる確率は1％を切ります。

したがって、そうした値動きが出れば反発の可能性が増すため、ここで決済してしまうのもひとつの手です。

一方、その後の動きで反発しても、中心線を割らなければ再度トレンド方向に戻すケースも多いので、先ほどのタイミングで一部利確、中心線を割ったら残りを利確するという考え方もできます。

バンドウォークが出ているチャート

図① ユーロ/米ドル 4時間足 2020年5月〜6月 Aのポイントはバンドウォークとなっており、強いトレンドが出ていることがわかる。こうした状況ではバンドウォークが続く限りポジションを保有しておく根拠になる

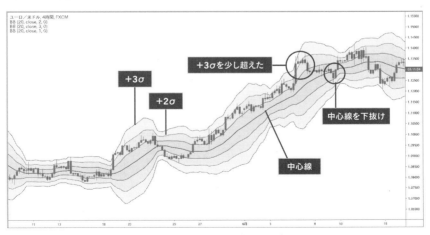

図② ユーロ/米ドル 4時間足 2020年5月〜6月 バンドウォーク後の利確については、＋3σに到達した時点で行うか、中心線を明確に割るまで保有するというふたつの考え方ができる

030

BBでのエントリーはトレンド開始もしくは継続を発見した時に入る

どこからが「トレンドの始まりなのか」を決める基準を持っておくと迷いを減らすことができる

その時々の相場環境に合わせて、最も効果的なテクニカル指標を使用するDakarさんは、トレンドフォローを行う際にボリンジャーバンドを活用しています。

ボリンジャーバンドは価格がバンド内に収まる確率を視覚的に示しているため、上昇、下降相場の中でも、少し上がったら（下がったら）調整し、再度トレンド方向にジワジワと動いて行くような相場において非常に効果的なテクニカル指標です。

Dakarさんはこの特性を利用して、トレンドが始まった、もしくは継続を確認できたら、押し目での反発を狙った戦略にボリンジャーバンドを使っています。

図①のチャートはDakarさんがトレードした米ドル/円の4時間足チャートで、〇で囲った期間を押し目買いで取りに行くイメージです。

ただ、こうした戦略を採用するにあたって、リアルタイムでチャートを確認していると、「どこからがトレンドの始まりなのか？」といった判断がしづらい場合が比較的あります。ですがこれは、あらかじめ基準をしっかりと決めておくと迷いを減らすことができます。

Dakarさんは図①のケースにおいて「ボリンジャーバンドの中心線で価格が跳ね返るかどうか」に注目していました。図②は図①のAの部分を切り取ったもので、四角で2つのゾーンに区分けしています。

Bのゾーンではボリンジャーバンドが横ばいで、価格も中心線で跳ね返ることなく±2σを交互に推移している状態であるため、まだレンジと判断します。

一方でCのゾーンを見ると、一度、価格が−2σから反発して+2σに達した後、中心線に触れてから再度上昇に転じていることがわかります。この動きはひとつ目のゾーンで見られなかったもので、向きなども考慮して、チャートの右端で上昇トレンドに転じたと判断できるのです。

ボリンジャーバンドの使い方は色々とありますが、トレンドフォローをどこで始めるかという判断を行う際には参考にすると効果的です。

Section.1　トレンド系

060

中心線での反応を見てトレンドを判断

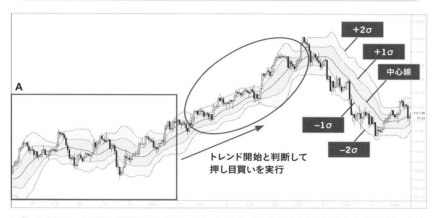

図① 米ドル/円 4時間足 2018年8月〜10月 Dakarさんは〇で囲ったポイントを押し目買いする戦略を取ったが、ここで重要なのは「どこを戦略のスタート地点とするか」という点だ

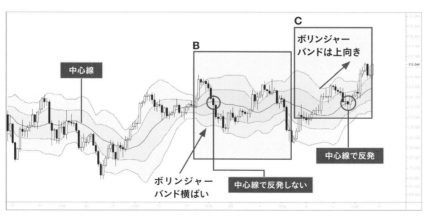

図② 米ドル/円 4時間足 2018年8月〜9月 図①のトレンド開始前まで戻したチャート。BとCのゾーンで中心線にタッチした価格の反応の違いに注目する

031

トレンド継続の根拠
中心線からの跳ね返りを狙う理由

中心線から±2σまでの
値動きを取り切る

Section1の030ではボリンジャーバンドを使ってトレンドの始点を判断する方法を解説しましたが、Dakarさんのトレードを通して、トレンドが継続する判断の根拠を具体的に見ていきましょう。

図①のチャートはSection1の030で紹介した4時間足チャートの時間を進めたものです。ふたつ目のゾーンの右端で上昇トレンドと判断したのは、直前の中心線での跳ね返りがあったからですが、これは言い方を変えると「相場において中心線が意識されている」ということでもあります。

つまり、続く価格の動きで上昇トレンドが想定できるのであれば、価格が+2σに当たって一時的に下降した場合に、中心線を抜けなければ、再度上昇が意識される可能性が高いとも考えることができるのです。

こうした想定のもと、Dakarさんは中心線での跳ね返りを狙った戦略を実行します。図②のチャートは図①で上昇トレンドと判断した後の、具体的なエントリーポイントを矢印で示したものです。

この際の具体的なルールは、「中心線に実体がタッチしたローソク足の完成を確認してその次の足でエントリー」。利確は+2σに実体がタッチしたローソク足の完成後に行います。

一見、この売買ルールではエントリーから利確までの幅がタイトなので、「利確後の値動きを取らないのがもったいない」という印象を受けるかもしれません。

ただ、ボリンジャーバンドが意識されているこうした相場では、価格が+2σを超える可能性は数％しかないという特性も強く意識されるため、バンドの上限付近で売りが強くなる可能性が高いのです。

その意味で、+2σを越えた状態でポジションを保有し続けるよりは、おいしい場所だけを取り切って、次のチャンスを待つ方が期待値の高い戦略といえます。

Section.1 トレンド系

4つのエントリーポイント

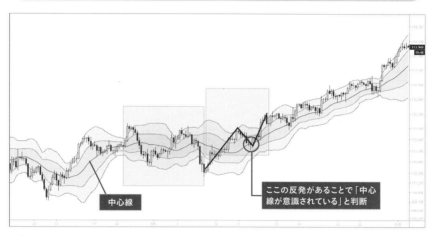

図① 米ドル/円 4時間足 2018年8月〜9月 Dakarさんは二つ目のゾーン内で中心線の跳ね返りがあったため、それを確認してゾーンの右端で上昇トレンドと判断した

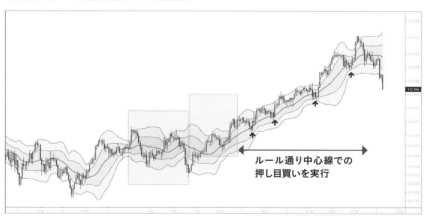

図② 米ドル/円 4時間足 2018年8月〜10月 上昇トレンドと判断した後は、中心線にローソク足の実体がタッチするごとに、その次の足でエントリー、というルールでトレードを行った

032

Dakar

トレンドフォローの最後は必ず損切りで終わる

ひとつのトレードではなく、トータルで収益にこだわる

トレンドに沿ってトレードする戦略を立てる場合、Dakarさんは「最終的に必ず負けて(損切りして)終わる」そうです。

例えばSection1の031で解説したボリンジャーバンドを使ったトレードでは、エントリー後に逆行した場合、−2σに実体がタッチしたローソク足が完成したら損切りというルールを設けています。

これはトレンドという、ひとつの大きな流れを終わりまで取り切るための戦略です。というのも個人の裁量でトレンドが終わるシナリオを描

く場合、そこからさらに動きが加速していくかもしれないわけであり、機会損失となる可能性が常にある状況になります。

であれば、一定のルールのもと、トレンドの続く限りはその方向にエントリーし、最終的に浅い幅で損切りできればトータルで利益を残すことができます。ひとつひとつのトレードに意識が行くと「負けられない」という考えになりがちですが、トータルで考える戦略を立てることで、トレンドの端までを取り切るトレードができるようになります。

−2σに実体がタッチしたら損切り

買い
エントリー

勝 勝 勝 勝 勝 負

負けはあるが、トータルで勝つトレード

米ドル/円
4時間足
2018年9月〜10月

Section.1 トレンド系

033

一目均衡表はパーツごとに使っても機能する

使わない要素を省くことでシンプルに分析することができる

日本生まれの一目均衡表は個人投資家をはじめ、主に円ペアや日本国債をトレードする海外の機関投資家にも人気のテクニカル指標です。

ただ、一目均衡表は表示した各パーツを総合的に見ていくのが本来の使い方のため、チャート上に表示する要素が多くなります。そのためいざチャート分析に使うには少しハードルが高いと感じる人も多いのではないでしょうか。

ですが、各パーツは独自に機能しており、そこから考え方のひとつで「個別の要素に分解して使う」とい

う方法があります。例えば、下のチャートはTradingviewというチャートツールを使って、一目均衡表の基準線と転換線だけを個別で表示したものです。使用するツールによってはこうしたアレンジができないものも多いので、すべての要素を表示した上で個別に見ていく形でも問題はありません。

ただ、このようにして使わない要素を省くことでシンプルにチャートを見ていくことができますし、ふたつの要素だけでも十分チャート分析に活用することができるのです。

使う要素だけを表示する

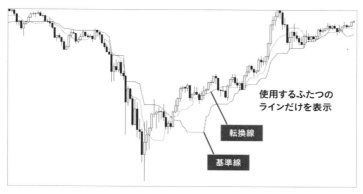

使用するふたつのラインだけを表示

転換線

基準線

豪ドル/円
日足
2019年〜
2020年7月

034

基準線と転換線はシンプルにトレンド分析ができる

転換線が基準線よりも上か下かでトレンドを判断

Section1の033と関連して、一目均衡表を分解した上で具体的にどのパーツを見ていくのかというと、まずは最もシンプルな分析ができる「転換線」と「基準線」です。

例えば買いの場合、先に転換線を見て、この線が基準線の上で推移する限り上昇トレンドと判断します。下のチャートで言えば、そのチャートの中盤で転換線が基準線を上抜けてからの動きが該当します。

さらにここからエントリーに至る条件を絞り込んで行くわけですが、基準線に注目して、価格が調整されて基準線まで落ちて来たタイミングが具体的なエントリーポイントとなります。下の画像でいえば○で囲んだような動きです。

後半の矢印を表示したポイントでも同じように価格が調整しているので、エントリーの条件としては当てはまっていますが、続く値動きで転換線が基準線を割り込み、上昇トレンドの条件が崩れています。

仮にポジションを持っている場合は一度このタイミングで決済しておき、次のチャンスを待った方がいいでしょう。

Section.1 トレンド系

転換線と基準線のみを表示させたチャート

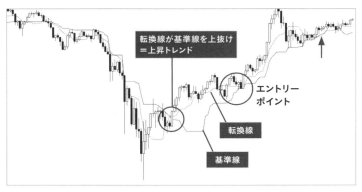

転換線が基準線を上抜け
＝上昇トレンド

エントリーポイント

転換線

基準線

豪ドル/円
日足
2019年〜
2020年7月

035

雲の先端を見て
「休むべき相場」を判断する

トレンドの勢いがなくなると雲の先端が収縮してくる

　雲の使い方のひとつとして「先端の形状」を見る方法があります。

　図①を見ると、まだローソク足ができていない空白の箇所に雲が先行していて、トレンドが継続しているような状況では、雲の先端の間隔は基本的には広い状態が続きますし、反対にトレンド方向に勢いがなくなってくると、雲の先端が徐々に収縮していきます。

　順張りトレードを行う場合、トレンドの出ていない状況でのエントリーは損切りが多発してしまうので、最も避けたいポイントのひとつですが、雲の先端を見て収縮しているようなら「休むべき相場」ということが一目でわかるので非常に便利です。

　また、図②にもあるように、雲が先行して収縮してくると、遅行線や基準線、転換線も徐々に横ばいになってくるので、これらが重なるとより強い根拠となります。

雲の先端に注目する

トレンド継続

雲の先端が
広いまま

雲

図①
豪ドル/円　4時間足
2020年2月〜4月

雲以外のラインも収縮

転換線

横ばい

先端が
収縮

遅行線

基準線

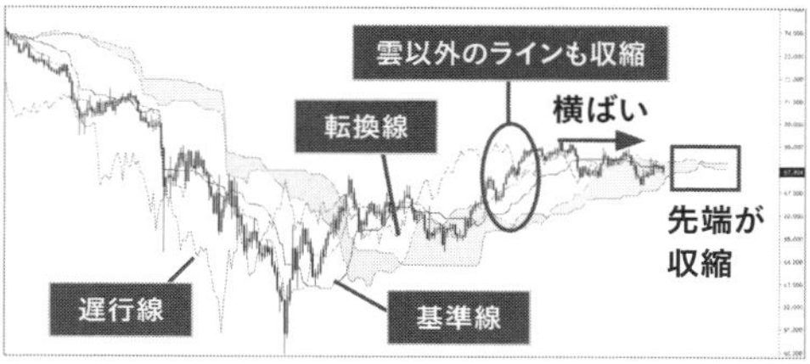

図②
豪ドル/円　4時間足
2020年2月〜4月

036

トレンドの始点を「雲抜け」で見極める

トレンド発生後、雲の厚みがある箇所は反発の動きになりやすい

個別の要素で見たとき、一目均衡表の中で個人投資家が最も見ているのが「雲」でしょう。

雲とは、図①示した先行スパン1と先行スパン2の間を塗りつぶしたスペースのことで、価格の変動によって厚みが変化して、まさに雲のように動くことからそのように呼ばれています。

雲の最も基本的な見方としては「雲抜けでトレンドが出やすい」という性質を利用して、トレンドの始点を見極める際に使います。

先行スパン1と2だけを表示した図②を確認してもらうと、チャート前半でローソク足が雲に対して上抜けしています。そこからしばらく上昇トレンドが続いており、反対に天井付近でローソク足が雲を下抜けすると、下向きの値動きに変化したことがわかります。

つまり、雲の下抜け・上抜けはトレンド転換が起こり、価格が加速することが多いのです。

特に先行スパン1と2の間隔（雲の厚さ）が極端に狭くなっている箇所は、雲抜けが起こりやすい傾向にあ

り、抜けた時点でトレンドの初動と捉えてエントリーポイントを探すという戦略を取ることができます。

また、「雲が狭くなっている箇所を抜けるとトレンドが発生しやすい」ということは、同時に「雲に厚みがある場所では価格が反発しやすい」ということでもあります。

実際、図②のチャートでは前半に雲抜けしてからトレンドが発生して以降は雲に厚みが出て、時折、価格が調整しても雲の上限で反発している箇所がいくつかあります。

この特性を考えると、一度雲抜けした後にトレンドが発生した場合、価格が調整して雲に近づいてきたタイミングでは、雲の厚みと価格の反発を確認して押し目を狙ったトレード戦略を取ることも可能です。

雲抜けが発生しているチャート

図① ユーロ/円 日足 2017年〜2018年 雲は一目均衡表のパーツのうち、先行スパン1と先行スパン2の間を塗りつぶしたもの

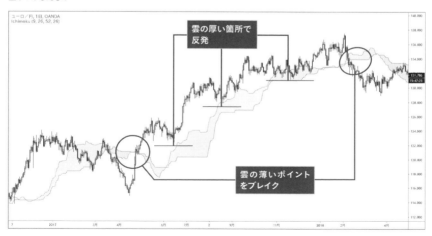

図② ユーロ/円 日足 2017年〜2018年 図①から雲以外のパーツを省いたチャート。雲を上抜けしてトレンドが発生して以降、抵抗線から支持線として役割が変わり、何度か雲の厚い箇所で反発している

037

雲を使えば転換時の重要な局面を シンプルに分析できる

抜け後のプルバックを待つと よりエントリーの精度が上がる

　Dakarさんが一目均衡表を見る目的の9割は「雲」を確認するためだと言います（たまに遅行線を確認）。

　特に相場の転換時には雲抜けするかどうかがひとつのポイントとなるので、そのタイミングを見極めるのが雲を表示する理由です。

　図①のチャートは雲抜け以前と以後で非常にきれいに下降トレンドから上昇トレンドに転換していて、Dakarさんはまさにこの転換のタイミングで雲抜けを確認してエントリーしました。

　ここでまず重要なのは雲抜けに至るまでのローソク足と雲の関係です。約2週間の間、つかず離れずの距離に位置していることから、相場で常に雲が意識されていることがわかります。この前提があることによって、実際に雲抜けした場合にインパクトが出やすくなり、エントリーの基準として雲抜けを採用する理由になります。

　雲抜けでのエントリーについては色々と考え方がありますが、Dakarさんはこのとき「雲抜け後のプルバックを狙ったエントリー」を

選択しています。具体的には図②の矢印で示した箇所です。

　「雲を完全に抜けたローソク足の出現後、いったん戻しがあり、その後再度上昇（プルバック）し、実体上部が雲より上で完成したローソク足が出現したら」買いでエントリーします。

　このように、あえて雲抜けで飛び乗らずにプルバックを待つのは、雲の「抵抗線・支持線としての機能」を確認するためです。

　直前まで雲がローソク足の上部で推移し、ローソク足が近づくと雲付近で反転していたことから、レジスタンスとして機能していましたが、雲抜け後にプルバックして上昇していくということは、雲がサポートラインに転換したことを示唆しています。

　このように抵抗線・支持線の転換が確認できれば、より転換が意識されやすくなるので、エントリー時の根拠を増やすことにもつながります。

Section.1　トレンド系

雲抜けが発生しているチャート

図① ユーロ/米ドル 1時間足 2020年2月〜3月 雲抜け以前と以後できれいにトレンドが転換しているチャート。雲抜け以前から価格が雲とつかず離れず動いていることから、雲抜けでインパクトが出るとDakarさんは想定した

図② ユーロ/ドル 1時間足 2020年2月 図①の雲抜け以後のチャートを拡大したもの。雲抜けしてからは雲の上でプルバックするごとに繰り返し買いエントリーした

Section.1 トレンド系

Section.2
ライン

ラインのテクニカル指標
概要

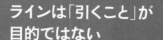

ラインは「引くこと」が
目的ではない

チャートに引くことができるラインは、水平線やトレンドラインなどの斜めライン、フィボナッチリトレースメントなど色々と種類はありますが、それぞれに共通して言えるのは「引くこと」自体が目的ではない、という点です。これらのラインは任意の場所に表示できるため、なんとなくラインを引くだけでも、それなりに分析できているような気持ちになりますが、実際のトレードでは「意識される場所」を考慮されずに引かれたラインは全く機能しません。

肝心なのは「ここを抜けたらトレンドが転換するだろう」「過去に2度跳ね返されたポイントを結んで延長させたラインを引けば、将来的に再度跳ね返される可能性が高い」といった考えのもと、相場において「節目」となるポイントを視覚化するのが、ラインを引く目的なのです。

斜めラインはトレンド発生時に
使うことが多い

任意の角度ができる斜めラインのうち、トレンドラインはその名の通り、トレンドが出た方向に沿って引くラインです。このラインを引くことで、トレンドの「継続」もしくは「終了」が一目でわかるようになります。

斜めラインのもうひとつの使い方である、切り上げ・切り下げラインは、

基本的にトレンドの調整が入った場合に使用します。この状態から切り上げ・切り上げラインをブレイクした場合、トレンド方向に価格が伸びやすくなるので、エントリーの場所を精査する際に使うことができます。

このふたつのラインはトレンド発生時、シンプルにトレンドの継続や、エントリーポイントを明確にしてくれるため、順張りトレードを行う際の補助として役に立ちます。

水平線など横に引くラインは相場の「節目」を視覚化する

水平線はトレンドラインと比較して、角度に関しては180度と決まっているので、自由度は減りますが、任意の場所に設定できるという点では同じです。そのため、水平線を引く際には「相場で意識される場所」を常に意識する必要があります。例えば前回高値・安値はもちろん、キリのいい価格（キリ番）や直近で抵抗線になった価格などです。

他、水平に引けるラインのバリエーションとしてフィボナッチやピボットがあります。フィボナッチ・リトレースメントはトレンドが調整した際の目安として、エキスパンションは利確の目安として使うことができます。ピボットは、相場の節目を明確にして、逆張り・順張りどちらにも活用できます。

それぞれで仕組みは異なりますが、総じて将来的に意識される相場の「節目」を視覚化するという点では共通しています。

001

実戦における
トレンドラインの引き方

トレンドを一目で判別できるようにする

チャートに表示することのできる機能として最もシンプルなのが「ライン」です。ラインを引き方で大別すると「水平（もしくは垂直）」と「斜め」というふたつの軸で考えることができ、斜めのラインのうち、トレンドに沿って引いていくのが「トレンドライン」です。

「トレンドに沿って」というのはどういうことかというと、仮に一定方向にトレンドが出ている場合、

下降トレンドが出ている＝高値

の切り下げ

上昇トレンドが出ている＝安値の切り上げが起こります。これはローソク足だけを見ても判断できる要素ではあるのですが、下のチャートのように、下降トレンドであれば切り下げている高値に、上昇トレンドであれば切り上げている安値に斜めのラインを引くことで、トレンドが一目見て判断できるようになります。これがトレンドラインの役割です。

上昇トレンド、下降トレンドをラインで判断

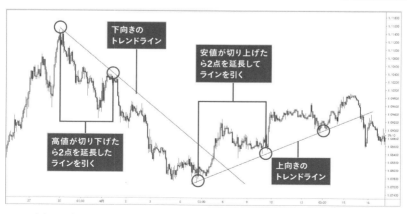

ユーロ/米ドル　1時間足　2019年3月〜4月

002

トレンドラインのブレイクで継続・終了を分析

視覚的に判断しやすいがダマシには注意する

　トレンドラインを引くことでトレンドを可視化できるということは、「トレンドの継続、終了を判別できる」と言い換えることもできます。

　下の画像はSection2の001と同様のチャートですが、前半の下降トレンドと後半の上昇トレンドどちらも〇で囲った部分でローソク足がトレンドラインと反対方向に抜けることで、相場の流れが変わっていることがわかります。このことから、ローソク足がトレンドラインの方向に沿って動いている場合は「トレンドの継続」、ローソク足がトレンドラインを反対方向に抜けた場合は「トレ

ンドの終了」と考えることができます。これがトレンドラインを使った最も基本的な考え方です。

　下の例は比較的素直に反応していますが、トレンドライン自体は人それぞれ任意で始点と終点を決めるため、絶対的な指標ではありません。そのため、一度トレンドラインを抜けた後にダマシになって再度トレンド方向に戻ってくるといったこともよくあります。

　そのため、トレンドライン単体での判断というよりは、他の手法と組み合わせることで判断の根拠を増やすような考え方で使用した方がいいでしょう。

Section.2 ライン

トレンドラインのブレイクに注目

ここで下降トレンド終了

トレンド継続

トレンド継続

ここで上昇トレンド終了

ユーロ/米ドル　1時間足
2019年3月〜4月

003

トレンドラインを損切り注文の基準にして迷いを減らす

トレンドの終了まで追いかける手法に向く

Section2の002で解説したトレンドラインの特性を踏まえて、具体的なトレードに活用する場合、順張りではポジションを決済する基準として考えることができます。

例えば下のチャートのように、2本の移動平均線のクロスでエントリーしたとして（手法に関してはこれに限った話ではありません）、チャート上では含み益が出ており、安値も切り上がって上昇トレンドに乗れている状態です。

ここから「どこまで含み益を伸ばすか」を考えていくわけですが、その際に参考になるのがトレンドライ

ンです。上昇トレンドの場合、ラインを下抜けた時点でトレンドの終了となるため、その時点で決済します。

チャートを見ると、最も上昇した場所から少し含み益が減っている状態ではありますが、リアルタイムで値動きを追っていくと「どこが天井なのか」は判断できません。

そこで、「トレンドライン抜けで決済」という基準を設定することで、迷いを減らしつつ、トレンドの終わりまで含み益を大きくすることができるのです。

トレンドラインを決済の基準にした例

ユーロ/米ドル
4時間足
2020年3月
移動平均線は
5MA、20MAを表示

004

トレンドラインは
相場で意識されやすい

トレンドラインを反発する基準として考える

　トレンドラインはチャートに表示できる要素のなかでもポピュラーな部類で、トレーダーにも人気のツールです。相場でも意識されることが多く、移動平均線と同様、抵抗線・支持線として機能する場面があります。

　この特性を利用して、押し目買い・戻り高値売りの基準として活用することができます。

　例えば下のチャートのように、安値が切り上がってくると、次の安値との延長でラインを引くことができます。ブレイクするとトレンド終了のサインとして考えられるという特性を踏まえると、仮にトレンドライ

ン上で押し目を付ける場合は反発すると想定できます。

　実際に〇で囲ったポイントではラインにヒゲがタッチしてからトレンド方向にローソク足が動いており、押し目買いのチャンスだったことがわかります。

　ただ、トレンドラインが常に抵抗線・支持線として機能するわけではないので、エントリーする際にはラインにローソク足が触れたタイミングではなく、その後しっかりと反発するローソク足を確認してからエントリーすることでダマシを減らすことができます。

Section.2 ライン

反発で押し目買いのチャンス

しっかり反応を
見て押し目買い

トレンドラインに
タッチして反発

ユーロ/米ドル　4時間足
2019年9月〜10月
トレンドラインが抵抗線として意識
されたことで、一度タッチしてから
反発した

005

トレンドラインは他の要素と組み合わせた運用で精度が高まる

トレンドライン単体では根拠に少し乏しい

　Section2の004で解説したトレンドラインを活用した押し目買いの手法について、実際のトレードではトレンドライン単体では根拠として乏しいため、追加で他の分析方法と組み合わせて運用するのがおすすめです。

　例えば図①のチャートではトレンドラインと水平線の2本ラインを表示し、ローソク足がトレンドラインにタッチした箇所を見ると、過去に一度ライン上で反発していることから、3点目も意識されるポイントだということがわかります。

　ただ、この「トレンドラインの3点目にタッチ」したという事実だけでは根拠として少し乏しいので、別の要素を組み合わせてみましょう。例えば図①のように、水平線を引いてみるのもひとつの手です。

　ここではAの過去の高値に水平線を引いていて、この延長した先がトレンドラインの3点目にタッチするポイントと重なっています。

　図②はこの水平線の働きを図解したもので、基準としたAの高値付近で何度か価格が反発しており抵抗

線として機能していますが、この高値を続く動きで上抜けた後は反対に支持線として機能していることがわかります。

　このことから、水平線の視点から見ても〇で囲った箇所は反発しやすい場所と判断できます。

　つまり、上昇トレンドが続くと仮定するのであれば、トレンドラインの3点目＋水平線のサポートという2つの根拠が重なるため、トレンドライン単体よりも期待値の高い場面と考えることができるのです。

　これは水平線に限った話ではなく、テクニカル指標などを組み合わせて分析するのがトレンドラインの基本的な使い方といえます。

トレンドラインと水平線を組み合わせたイメージ

図① ユーロ/米ドル 4時間足 2019年9月〜10月
直近の価格がトレンドライン3点目にタッチした状況。ここにAの高値を基準にした水平線を引いてみると、トレンドライン3点目タッチの箇所と重なる

図② ユーロ/米ドル 4時間足 2019年8月〜11月
図①の続き。水平線で意識されるポイントを加えると、トレンドライン3点目での反発と、水平線が支持線として機能した場合の反発とで根拠が重なることがわかる

006

有利な場所でエントリー確認ができる切り上げ・切り下げライン

押し目でトレードする場合に
反発が確定した場所でエントリーできる

トレンドラインのほか、チャート上に引くことができる斜めラインの使い方としてもうひとつ有効なのが「切り上げ・切り下げライン」です。

これは端的に言えば、トレンド途中にトレンドと逆方向に切り下げ（切り上げ）ていくローソク足の高値や安値に引く斜めのラインのことです（右図参照）。

実際のチャート上に表示する場合は図①のチャートのような引き方をします。

下側の上向きのラインが上昇トレンドを示すトレンドラインで、途中に引いた2本のラインが切り下げラインです。

切り上げ・切り下げラインを引く一番の目的は「トレンドが出ている状態で、より有利な場所でエントリーする」ことができるためです。

図①のチャートでいえば、トレンドラインを見て上昇トレンドが発生していると確認できるので、戦略としてはさらなる上昇を狙って押し目でのエントリーが考えられます。

ただ、トレンドラインを基準にエントリーする場合、「押し目」といわ

れても、ラインに近づいたタイミングなのか、反発して何本目のローソク足でエントリーが適切なのかはトレンドラインだけでは判断できません。

ただ、ここにトレンドと反対方向（ここでは切り下げライン）にラインを入れることで、トレンドライン上でふたつ目とみっつ目の反転があり、明確に上昇に転じたタイミングで切り下げラインをブレイクしていることからも、このタイミングでのエントリーに優位性が高いことがわかります。

切り上げ・切り下げラインのイメージ

切り下げライン

上向きのトレンドに対して、価格が調整し切り下げた
場合に引くのが「切り下げライン」

切り上げライン

下向きのトレンドに対して、価格が調整し切り上げた
場合に引くのが「切り上げライン」

図① ユーロ/米ドル 4時間足 2019年8月〜11月

007

切り上げ・切り下げラインで
トレンドのタメを明確にする

短期的な売買の攻防に決着がつくポイントを狙う

Section2の006と関連して、切り上げ・切り下げラインのブレイクがなぜエントリーポイントとして有効なのかというと、その一因として「短期的に売り買いの攻防に決着がつく場所だから」ということが挙げられます。

仮に長期足でトレンドが明確に出ているチャートでも、短期足では必ず細かく上下に動きつつ、徐々にトレンド方向に向かっていきます。これは比較的長い時間軸としては上昇（もしくは下降）という判断をしているトレーダーが多いなかでも、短期的には少し上昇したら決済する

トレーダーや、そこから逆張りで売りを入れてくるトレーダーの攻防があるためです。

ただ、トレンドが続く場合、どこかで逆張りを入れているトレーダーが撤退し、再度トレンド方向にエントリーする動きが出て、決着がつきます。こうした攻防（タメ）があるチャートには切り上げ・切り下げラインを引けることが多く、このラインをブレイクしたということは、短期的にトレンド方向にローソク足が動く可能性が高いと考えることができるので、優位性のあるエントリーにつながります。

トレンドは「タメ」を作りながら徐々に動く

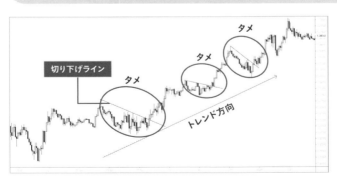

ポンド/米ドル
15分足
○で囲んだ部分はトレンド方向に対して一時的に逆行して切り下げラインが引けている

008

切り上げ・切り下げラインは
トレンド転換時にも機能する

転換時はプルバックに注意

切り上げ・切り下げラインは相場の天井（底）圏から転換を狙うエントリーにも使うことができます。

下のチャートは相場の天井圏に切り上げラインを2本引いた例です。どちらも上昇トレンドが一定期間続いた後に、天井圏で更なる上昇を狙って買ったトレーダーと、反転を狙って売ったトレーダーの動向が切り上げラインとして見て取れます。トレンド転換時も売り買いの攻

防が崩れたタイミングを狙っていくわけですが、Aのポイントを見るとわかるように、トレンドの終了後にはブレイク後に深い戻し（プルバック）が入ることがあるという点に注意が必要です。

したがって、反転のタイミングで切り上げ・切り下げラインを使う場合には、他のテクニカル指標などで根拠を重ねるか、深い押しだけを狙うというのもひとつの手です。

ブレイク後の動きの違い

ユーロ/米ドル　1時間足

009

移動平均線と切り上げ・切り下げライン の併用はトレードがしやすくなる

移動平均線で流れを確認し
切り上げ・切り下げラインでエントリーの場所を分析

noriさんの場合、Section1で解説した3本の移動平均線に切り上げ・切り下げラインを組み合わせてブレイクしたタイミングでエントリーする方法を基本のトレードスタイルとしています。

noriさんが切り上げ・切り下げラインを使う一番の目的は、「エントリーポイントを明確にすること」で、これはSection2の006で解説した通りです。

基本的に、移動平均線を見てエントリーの優位性が高い場所で切り上げ・切り下げが発生し、それをブレイクしていく動きに合わせてエントリーすると、noriさんの経験上、早めに含み益になりやすく、トレードの優位性はもちろん、メンタル的にもメリットがあるのです。

また、切り上げ・切り下げラインを使うことで損切りラインも明確になり、含み損に耐える時間が少なくなるので、トレードに迷いがなくなるのもポイントです。

Section2の007で解説した移動平均線と切り上げ、切り下げラインを組み合わせるやり方をイメージとして伝えると、図①や図②で示したような形になります。

売りでエントリーする場合には図①のように、まず3本の移動平均線が収縮から拡散していくポイントに注視して、20SMAに向かってローソク足が切り上げていたらラインを引きます。

その後ローソク足が20SMAに抑えられる形で切り上げラインを抜けてきたら売りのエントリーを行うのです。

買いでエントリーする場合も考え方は同じで、まず3本の移動平均線が収縮から拡散に変化してくる中でローソク足が20SMAに向かって切り下がってきたら、その高値に切り下げラインを引きます。

その後、20SMAに押さえられたローソク足が反転し、切り下げラインをブレイクしたタイミングで買いエントリーを行います。

Section.2 ライン

086

移動平均線と斜めラインの組み合わせ

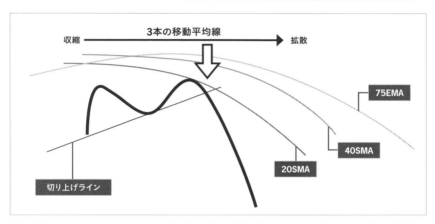

図① 売りでエントリーする場合、まずは3本の移動平均線が収縮⇒拡散していくポイントを注視
20SMAに向かってローソク足が切り上げてきたらラインを引いて、ブレイクしたタイミングでエントリーする

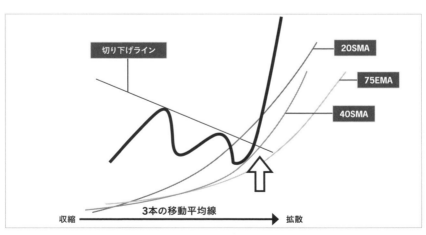

図② 買いでエントリーする場合、まずは3本の移動平均線が収縮⇒拡散していくポイントを注視
こちらでは20SMAを価格が下抜けているが、3本の移動平均線を明確に抜けてこない限りは上げる形としてエントリーする

010

nori

切り上げ・切り下げラインは
反転のエントリーにも使える

転換時の早仕掛けを減らして「待つ」トレードができるようになる

Section2の009ではエントリーを狙う際の、トレンド中での3本の移動平均線と切り上げ・切り下げラインの組み合わせる方法を解説しましたが、少し考え方を変えることで、トレンドの天井や底から転換するポイントを狙う場合にも活用できます。

基本的に転換時には3本の移動平均線が、拡散していく状態から徐々に収縮し、また拡散してきます。この際、売りと買いが交錯しやすいので、トレンド時よりも収縮→拡散になるのをしっかり待つのがポイントです。

こうした移動平均線の変化に合わせてローソク足をチェックし、移動平均線が拡散してくるタイミングでローソク足が切り上げ・切り下げの動きを見せたらラインを引き、ブレイクするタイミングでエントリーします。

転換時には初動（画像Aの部分）でローソク足が動きやすいのですが、その後に勢いが継続しづらく、早じかけになりやすくなります。ただ、この手法のように切り上げ・切り下げラインのブレイクをしっかり待つことで、含み損になるトレードを減らすことができます。

反転でエントリーする際のイメージ

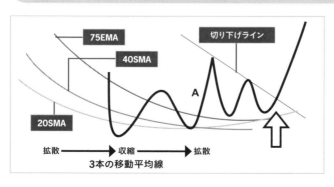

3本の移動平均線が拡散⇒収縮⇒拡散してきたら切り下げ・切り下げラインが引けるかどうかに注目

Section.2 ライン

088

ブレイクの判断を確認するポイント

形成途中のローソク足ではブレイクを判断しない

切り上げ・切り下げラインを使ったエントリーを行う際にはラインのブレイクが基準となりますが、どれを「ブレイクしたローソク足」と定義するかで、エントリーするタイミングが若干異なってくるので、事前にルールを設定しておくべきです。

例えばnoriさんは「確定したローソク足の」でブレイクを考えており、下の図のように切り下げラインをブレイクしたローソク足があったとします。

この場面だけ見るとエントリーできるように思えますが、問題は「まだローソク足が形成途中」という点です。15分足を表示していて10分経過したタイミングでブレイクしたとすると、残りの5分で強烈な売りが入り、長いヒゲを作って反転する可能性もあるわけです。もちろん、ブレイクした高値からさらに上昇して含み益が増える可能性もあります。ただ、noriさんは反転したり高値掴みを避けるために、ブレイクしたローソク足が確定してからエントリーするというディフェンシブな戦略をとっています。

そのため、ブレイク後、急激な値動きが出て、エントリーするタイミングを逃してしまった時は、エントリーを見送り、素直に諦めて次のチャンスを待ちます。

どの足を「ブレイクした」とみなすか

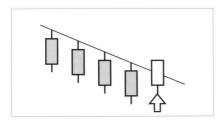

ローソク足の形成途中にブレイクしたケース。急落することがあるので、noriさんは手を出さない

noriさんがエントリーするのはこちら。ブレイクしたローソク足が確定したら次の足で入る

012

nori

切り上げラインのブレイクは損切り幅を小さくできる

短期で見たダウ理論でのトレンド確定で損切り

切り上げ・切り下げラインのブレイクを使った手法はエントリーの優位性のほか、損切り幅を小さくできるというメリットもあります。

noriさんがローソク足のブレイクでエントリーする場合、下の図のように前回安値（高値）に損切り注文を置いておきます。

これは仮にブレイクしたと思ったローソク足が反転して直近の安値を割った場合、短期で見たダウ理論でのトレンド確定となるので、下の画像ではさらにローソク足が下げていく可能性が高く、割った時点で損切りした方が良い場面です。

つまり、リスクリワード比率の点から考えても、直近安値（高値）よりも広く損切り幅を取る理由がないというのが、損切り幅を小さくできる根拠となります。

Section.2 ライン

エントリーから反落してロスカットするまでの動き

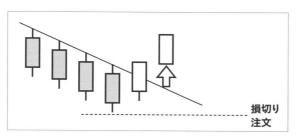

切り下げラインをブレイクしたら矢印のローソク足でエントリー。損切り注文は直近安値に置いておく

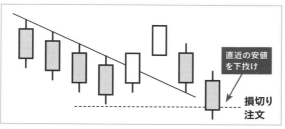

反落して直近の安値を下抜けた場合は、損切り

リスクリワード比率 利益が出たトレードの利益額と損失が出たトレードの損失額の比率

013

nori

切り上げ・切り下げラインを使った損を小さくする損切り設定

含み益が出たら建値にロスカットを移動

Section2の012と関連して、ラインブレイク後、想定通りローソク足が動いた場合、noriさんは損失額を最大限少なくするという意識で損切り注文の位置を設定するそうです。

Section2の012を例にしますが、想定通り上方向にブレイクした場合、その後、順調に上昇して含み益が出たら、直近の安値に置いていた損切り注文を建値に移動させます。

つまり、その時点で「最低でも収支±0」の状態にして、損失を発生さ

せないようにするのです。

また、ブレイク後、特に天井・底からの反転時などは深い戻しが入る可能性があります。そうした場合は、仮に切り上げ・切り下げラインで反発しそうな戻しだったとしても、建値で一度ポジションをカットして、再びトレンド方向に動くのであれば、エントリーします。

Section.2 ライン

エントリー後の動き

エントリーした後、順調に上がれば、建値に損切り移動

エントリー後、一度価格が戻すようなら建値で損切りし、再び買いを入れる

014

3点目のラインブレイクは
見送る方が期待値が高い

4点目まで待てると
トレンド方向に伸びる動きにつながることが多い

切り上げ・切り下げラインに限った話でなく、ラインブレイクを根拠にエントリーする場合「4点目」を意識して入ることで、精度を高めることができます。

noriさんは基本的に3点目のラインブレイクはローソク足がブレイク方向に伸びづらいと考えており、ここでのエントリーは避け、4点目に注目しています。

Section2の007で解説したように、切り上げ・切り下げラインができる「タメ」の過程で、売りたいトレーダーと買いたいトレーダーの攻防が行われ、その結果切り下がり、もしくは切り上がりが起こります。

そこからラインをブレイクするとトレンド方向に価格が伸びやすくなるのは、反対方向にポジションを持ったトレーダーの損切り注文（上昇局面では売り手の決済注文）が溜まっていて、それを巻き込むからです。

それを前提に考えると、図①のような切り下げラインの場合、3点目でブレイクすると2点目で売ったトレーダーの損切り注文しか溜まって

いません。

しかし、4点目ブレイクだと、2点目と3点目の高値で売ったトレーダーが存在するため、一気にそうした人たちの注文が執行され、価格が伸びやすいのです。

その意味で単純に切り上げ・切り下げラインのブレイクと言っても、4点目までしっかりと待てると、さらにエントリーの期待値が高まります。

図③はnoriさんが実際に4点目のブレイクを待ってからトレードしたチャートです。特にAやBの例では仮に3点目でエントリーした場合、深い戻しが入っているので、一度損切り注文が執行されてから再度エントリーすることになります。

負けトレードを可能な限り減らすという意味でも、4点目まで待つエントリーは有効です。

4点目ブレイクまで待つ

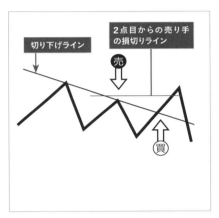

図① 3点目ブレイクの場合、売り手の損切り注文は2点目のみであるため、反落しやすい

図② 4点目のブレイクまで待てると、2点目、3点目で売った人たちの損切り注文が溜まっているため、価格が上昇しやすい

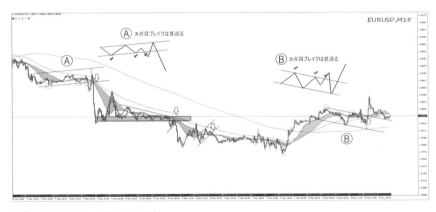

図③ ユーロ/米ドル 15分足 2020年
noriさんが実際にトレードしたチャート。AやBのトレードでは図①のように、3点目ブレイクから深い戻しが入ってからトレンド方向に価格が伸びている

015

トレンドの波の幅がわかる「チャネルライン」

一定期間内のトレンドの上限・下限を視覚化できる

トレンドラインを応用したラインの引き方として、「チャネルライン」があります。

チャネルラインの一般的な考え方として、トレンドラインの角度や長さを基準として、チャート上にトレンドラインと並行に表示したラインのことで、実際のチャートでは図②のような形になります。

つまり、上昇トレンドであれば安値の切り上がりに対してトレンドラインを引くため、基本的チャネルラインはその対角である高値に対して当てていくようなイメージで引きます（下降トレンドはその逆）。

チャネルラインを引く1番の目的は、トレンドラインで視覚化したトレンドの「波の幅」を明確にすることです。

図①はトレンドラインのみ引いたチャートですが、このトレンドラインをベースにチャネルラインを引くと対角の高値が切り上げているポイントとぴったりと当てはまります。

図②では勢いが強くなったことで、上方向にブレイクしています

が、その直前まではAとBの幅でローソク足が動いていたことがわかります。

つまり、トレンドラインとチャネルラインが引ける値動きの場合、トレンドラインが支持線、チャネルラインが抵抗線として機能することが多く、ある程度、トレンドの中の値動きの上限・下限が想定できるようになります。

ということは、仮に図②で示したポイントで買いエントリーしている場合、これまでチャネルラインがレジスタンスとして機能していることを踏まえると、ポジションを半分利食いしておくというような判断を行う目安とすることもできます。

チャネルラインの引き方

図① ユーロ/米ドル　4時間足　2020年9月〜10月

トレンドラインの対角、
かつ並行にラインを引く

図② ユーロ/米ドル　4時間足　2020年9月〜10月

016

チャネルラインは
必ず根拠を追加して使用する

チャネルライン単体での逆張りは根拠として乏しい

チャネルラインは非常にシンプルなテクニカルであるため、チャート上にも簡単に引くことができます。そうした理由から相場でも意識されやすいラインなので、「トレンドのラインにタッチでエントリー」「チャネルラインのタッチで利確」という逆張り戦略を考えてしまいがちです。

ただ、チャネルラインを含め、トレンドというのはどこかで必ず崩れるものです。つまり、下の画像において「矢印のポイント（トレンドラインでの反発）で売り」という戦略を立てた時、そのままトレンドラインを抜けていくリスクもあるため、トレード戦略として少し根拠に乏しいといえます。

もし、実際のトレードで活用するのであれば、移動平均線などのテクニカル指標を足すなどして根拠を追加した方がいいでしょう。

チャネルラインも絶対的な指標ではない

図①　ユーロ/米ドル　4時間足　2020年9月〜10月

017

nori

トレンドラインを使って シンプルに利確の基準を設定 する

トレンドが継続する限りは含み益を伸ばすことができる

テクニカル分析というと、エントリーをどこで行うかの判断に着目しがちですが、「どこで利確するのか」が定まっていないと、せっかく出した含み益を減らしてしまうことになってしまいます。

利確のポイントを設定する方法は様々ですが、短期的なトレンドラインを基準にすると、考え方が非常にシンプルなので迷いを減らすこと

ができます。

例えば下のチャートでは、ヒゲを無視した切り上げラインのブレイクでエントリーしていますが、この直近の高値を基準に、2点目ができたらトレンドライン引き、延長したラインを上向きにブレイクしたら利確します。価格がトレンドラインの下で動いている限りは含み益を伸ばすことができるのがメリットです。

トレンドラインを使った利確の例

ポンド/円　15分足　切り上げラインのブレイクでエントリー。
直近の高値から引いたトレンドラインを上抜けたら利確する

018

チャネルラインは切り上げ・切り下げラインにも応用できる

波形が複雑なときは反対側のポイントをつなげてみる

チャネルラインはトレンドラインとして見るだけでなく、切り上げ・切り下げラインの応用として使うこともできます。

Section2の009では、noriさんの切り上げ・切り下げラインを使ったブレイク戦略について解説しました。ただ、実際にチャート分析をしていると、①の図のように波が複雑な相場も多く、こうした状況で切り上げ・切り下げラインを引こうとすると、どこに始点と終点を置いたらいいかわからないケースもよくあります。

noriさんはそうした相場に対応する際にチャネルラインを応用して、切り上げ・切り下げラインとして活用しています。

例えば上方向のブレイクを狙う場合、具体的には図②のように、まず、逆側の安値が切り下げた2点にラインを引き、この角度のチャネルラインを最初の高値から伸ばします。

この伸ばしたチャネルラインが切り上げ・切り下げラインの代替として使用できます。ここをブレイク

したらトレンド方向に価格が伸びていくことが多いため、エントリーポイントとして適しているのです。

図③は実際のチャートにおいて波が複雑で切り下げラインを引きづらいため、チャネルラインで代用している例です。

特にAの例のように、高値の部分がヒゲになっていて、どこを基準にしたらいいかわからない場合は、チャネルラインを引く際にヒゲと実体の2点で引くようにすると、より迷いなくチャネルラインを引くことができます。

チャネルラインの応用

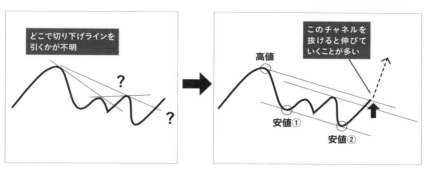

図① 波が複雑でどこに引いたらいいかわからない場合

図② 逆側の傾きを使って、チャネルを作る

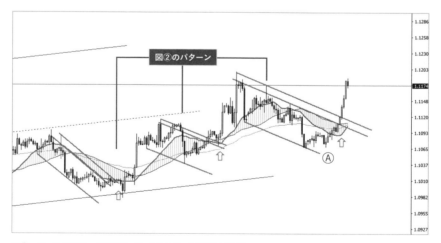

図③ ユーロ/米ドル 4時間足 チャネルを使った切り下げライン

019

nori

チャネルラインを使うと
利確の基準も作りやすい

基本は二段構えで含み益を伸ばす

noriさんの手法ではチャネルラインをエントリーのほか、利確時にも活用します。

エントリー時には切り上げ・切り下げラインと同様に、トレンドと反対方向にチャネルラインを引きますが、利確時には下の図のようにトレンドに沿った引き方をします。

上昇相場であれば、まず、安値の切り上げが確定した時点でトレンド

ラインを引きます。このラインに沿って直近の目立つ高値①や②を基準にチャネルラインを引いておき、①の延長した先にローソク足が達したらポジションを一部利確、②の延長に達したらすべて利確します。

このようにチャネルラインを活用することで、短期的に反発が意識される場所まで含み益を伸ばす目安を作ることができます。

チャネルラインを使って利確の目安を設定する

豪ドル/米ドル　15分足　切り下げラインのブレイクを狙ってエントリーする際、AとBの安値が確定したらトレンドラインを引いておく。そこから高値①と②のようにチャネルラインを伸ばすと利確の基準となる

Section.2 ライン

020

nori

チャネルラインを どこに引くかは「3点」で考える と明確になる

チャネルラインを使って次の3点がどこにできるのかを予想していく

Section018と019では、noriさんの手法におけるエントリーと利確時にチャネルラインを活用する方法を解説しましたが、これらの役割のほか、チャネルラインを環境認識や次の戦略を考える際の指針としても活用しています。

noriさんのチャネルラインの考え方として、最も重視しているのは「3点」という考え方です。例えば下のチャートのように切り上げた安値2点と、その間にある高値とで3点が見えたら、チャネルラインを元に、4点目がどこにできるのかに注目していきます。

教科書的に考えると、チャネルラインは抵抗線になりやすいので、3点完成から引いたチャネルラインにローソク足が近づいたら、反発を想定するというのが、基本的な分析方法です。

3点の考え方

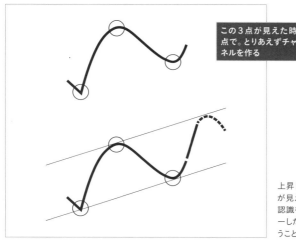

この3点が見えた時点で。とりあえずチャネルを作る

上昇トレンドの場合、安値2点と高値1点が見えたらチャネルラインを引いて環境認識を行う。この図では3点目でエントリーした場合の利確の幅を想定するのに使うことができる

021

「3点の連続」で考えると価格の変化に対応したチャネルラインが引ける

常に反発するポイントを
見つけやすい

Section2の020に関連して、3点が完成しても必ず4点目の値動きがチャネルラインに近づいて反発するわけではありません。そのため、応用として、noriさんは値動きに合わせて3点を更新していくそうです。

例えば図①のように上のラインに届かずに下げ始めた場合は、新たな3点で新しくチャネルラインを作り、4点目の反応を確認していきます。

逆に図②、図③のように最初の3点で作ったチャネルラインの上限をブレイクした場合も、新たにできた3点で新しいチャネルを作り、4点目での反発（この場合、上昇トレンド

の中の押し目）でのエントリーを狙います。

また、ここからさらに切り返して上昇していく場合も新たな3点でチャネルラインを作ることができます。上昇トレンドということを考えると、次の4点目は利確に適したポイントとなります。

また、図④のように、ここから上限付近で小さく山を作った場合、中間の安値でチャネルラインを作ることができますが、noriさんの経験上、その前の安値から引いたラインの方が反応しやすいようです。これは下限で小さく底を打った場合も同様です。

価格の変化に合わせた4点目の見つけ方

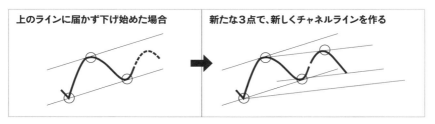

上のラインに届かず下げ始めた場合 **新たな3点で、新しくチャネルラインを作る**

図① 上のラインに届かなかったケース

Section.2 ライン

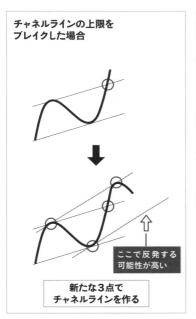

図②
3点形成から上のラインをブレイクしたケース

図③
図②の状況からさらに切り返して上昇が続くケース

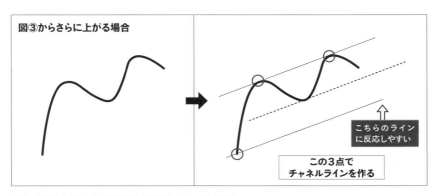

図④　図③からさらに上がる場合は、高値2点でチャネルを作る

022

**「3点」によるチャネルラインと
移動平均線の合わせ技**

4点目の反発と移動平均線のパターンが重なると
より有利な場所でエントリーできる

　Section2の021を踏まえて移動平
均線を表示させたチャート上に「3
点」を引いてみると図①のようにな
ります。

　下降トレンドの中で安値を切り
下げて2点が確定したら、ひとつ前
の目立つ高値との幅でチャネルライ
ンを引き、4点目（高値から引いたラ
イン上限）での反発を想定した戦略
を考えます。

　このとき、直前の移動平均線
（20SMA、40SMA、75EMA）を見る
と、3本がパーフェクトオーダーに
なっており、下向きのトレンドが強
い状態でしたが、直近のローソク足
数本が20SMAに向かい、40SMAを上
抜けていることから、この後の動き
としては20SMAと40SMAが多少収
縮していく可能性が考えられます。

　ただ、そうは言っても長期の
75EMAは下向きで継続しており、3
点から引いたチャネルの上限で売ら
れていることから、直近の値動きは
下降トレンド途中の調整と判断して
売りのエントリーを考える場面で
す。

　このように、移動平均線を使った

環境認識と、チャネルの4点目が反
発しやすい特性を組み合わせて、ふ
たつの条件が整う場面は、より根拠
として強くなり、期待値の高い場面
といえます。

Section.2 ライン

4点目と移動平均線が機能している例

75EMA

20SMA

40SMA

図①　米ドル/スイスフラン　15分足　4点目で価格が下向きに反応している。3本の移動平均線とローソク足の位置を踏まえて、下降トレンド途中の調整と判断できる場面。チャネルラインはヒゲと実体両方に合わせて引いている（Section2の024参照）

チャネルラインの4点目で売りを狙うイメージ

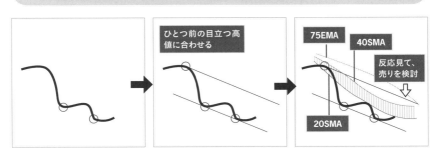

ひとつ前の目立つ高値に合わせる

75EMA　40SMA

反応見て、売りを検討

20SMA

チャネルラインを引くために、2点（ここでは安値）を探す

2点に切り下げラインを引いたら、高値を探して、切り下げラインと並行なチャネルラインを引く

チャネルラインが引けたら、4点目に価格が到達した後の反応を見てエントリーを検討する。3本の移動平均線が下げやすい形になっていれば、より期待値の高い場面

ポジション保有時での複数の時間軸の合致は利益を伸ばせるチャンスになる

頻繁に起こるケースではないが、積極的に取りに行きたい

noriさんのトレード戦略では、15分足であれば15分足のチャネルラインというように、時間軸別で確認して、トレードを行うので、1時間足のチャネルラインを使って15分足でトレードすることは稀です。

本来のトレードとは別にその稀なトレードを行うに値するテクニカルの判断として、複数の時間軸のチャネルラインにおいて、その向きとエントリーポイントが重なるというものがあります。

ならぜならその状況でエントリーできた場合、短期 (ここでは15分足) での利確目標を達成した状況から、さらに利益を伸ばすべきポイントになりうるからです。

図①と図②はそれぞれはポンド/米ドル15分足と4時間足を横並びで表示したものです。

○で囲った箇所が15分足でのエントリーポイントなのですが、4時間足で見た場合でのエントリーポイントと一致していることがわかります。

このような場合、noriさんはエントリー後、15分足の決済ポイントで半分利確して、残りは4時間足の決済ポイントまで引っ張るようにしているそうです。

15分足と4時間足との組み合わせの場合、そう頻繁に起こるケースではないですが、しっかりと重なりを見つけることができれば利益を伸ばすことができます。

15分足と4時間足が合致した例

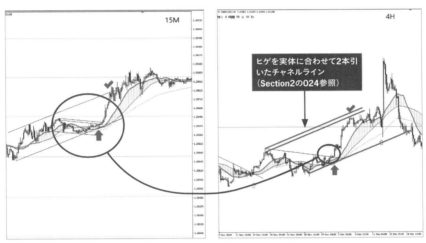

図① ポンド/米ドル 15分足
移動平均線と切り下げラインを利用したエントリー。利確はチャネルライン上限の4点目に到達したポイント

図② ポンド/米ドル 4時間足
〇で示した箇所が15分足でのエントリーポイント。こちらも移動平均線と切り下げラインを使ったエントリー。15分足のエントリーポイントと、同じタイミングでエントリーしている

024

nori

「ヒゲ」と「実体」の2本で
ラインを引くと迷いがない

「線」で考えると、どちらかの意向しか反映されない

ラインの引き方に関して争点になりやすいのが、「始点をヒゲにするか、実体（終値・始値）にするか」という問題。特に始点にしたいローソク足に長いヒゲがある場合、どちらで引くのかによってトレンドラインの位置が大きく変わってしまうので、迷いがちなポイントです。

実際、ヒゲと実体どちらにラインを引いても間違いではないのですが、noriさんは少し発想を変えて「ヒゲと実体の2本」にラインを引いているそうです。これはラインを引く際の迷いが減るといメリットももち

ろんあるのですが、ヒゲと実体どちらにラインを引くか迷うということは、他のトレーダーも同じ悩みがあるはずです。つまり、ヒゲにラインを引いたトレーダーと、実体にラインを引いたトレーダーとでは「反発」と判断するポイントも異なるため、「線」で考えると、どちらかの動向しか反映されません。

しかし、2本でラインを引くと反発が想定されるポイントを「面」で考えられるようになるため、視覚的ににも理解しやすくなるというメリットがあるのです。

「ヒゲ」と「実体」の2本に切り下げラインを引いた例

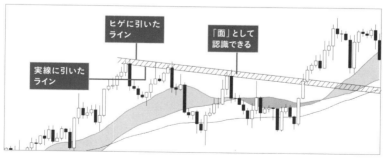

ポンド/米ドル　4時間足　2020年7月
2本で切り下げラインを引くことで、「面」として捉えられるため、ダマシも少なくなる

Section.2 ライン

025

nori

チャネルラインの中心線の
反応を見ておくと
転換を察知しやすい

「半値」は相場の調整時に意識されやすい

　noriさんはチャネルラインを使った分析を行う際に、「中心線」で価格がどのように反応しているかを観察しているそうです。そもそもチャネルラインはトレンドラインから並行に引いたものなので、中心線はふたつのライン間の値動きの「半値」と考えることができます。その意味で、中心線は相場でも意識されやすく、注目すべきポイントなのです。

　下のチャートでは、下向きのチャネルラインを引いていますが、一連の値動きの中で中心線が意識されていることがわかります。

　例えばAのポイントから売ったとして、エントリー後、中心線をそのまま抜ければポジションを保有しますが、中心線で揉み合うようなら（B）、転換がある程度意識されることが予想されるので、ポジションを一部決済という対応を考えることができます。

中心線に注目しておく

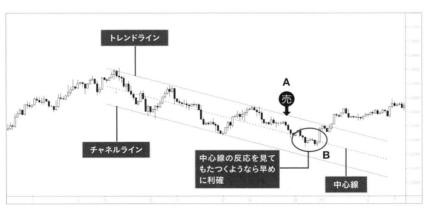

ポンド/米ドル　4時間足　下向きのトレンドラインに対してチャネルラインを引いた例。中心線に価格が近づくと反応していることから、相場において意識されていることがわかる

026 「意識されるキリ番」に 水平線を引くポイント

キリ番はトレーダーに 意識されやすい

チャート上に引くことのできるラインの中で、もうひとつ重要なのが「水平線」です。

これはその名の通り、水平に引くラインのことで、仕組み自体は非常にシンプルですが、ブレイクを狙ってエントリーしたり、反転するポイントを探す場合など様々な使い道があります。

ただ、水平線を引く際には「相場で意識されるポイント」をしっかりと把握しておかないとあまり意味がありません。

例えば相場で意識されるポイントの一例として有名なのが「キリ番（ラウンドナンバー）」でしょう。

キリ番とは「100円」「150円」といった心理的に切りのいい数字のことで、右の画像は米ドル/円の15分足チャートに106.00、106.500といった形で、50pips刻みで水平線を引いたものです。

画像を見るとチャート上の値動きが、キリ番を境に止められていたり、反対に、抜けてから大きな値動きにつながっている場面が複数見受けられます。

価格というのは常に相場参加者の心理で動いています。その意味で、「106.000を割ったらポジションを切ろう」「107.500を抜けたら買おう」といったトレーダーの心理として意識されてやすくなり、キリ番が相場の中で「意識されるライン」として機能するのです。

ただ、どのキリ番も等しく機能するというわけではなく、時々の状況によって意識されるラインは変わります。

右のチャートの前半の囲み部分では、105.000を何度も下抜けにトライしては跳ね返されるという状況が続いていたため、強く意識されていることがわかります。

その後、下向きの動きから反発した際に、105.000を抜けると買いの動きが一気に強まりました。

こうした観点から、時々の相場でもっとも意識されているキリ番に注目しておくと利確やエントリーを行う際に役に立ちます。

時々の相場で意識されるキリ番は異なる

105,000

米ドル/円　15分足　前半では105.000のラインが抵抗線として意識されていたが、後半ではここを抜けると一気に上向きの動きが加速した

027

水平線は長い時間軸の方に
優先度がある

短い時間軸でトレードする場合でも
長い時間軸の水平線は必ずチェックしておく

水平線の引き方としてポピュラーなのが「高値や安値に引く」やり方です。

これもキリ番と同様に、相場で意識されやすい（みんなが見ている）ポイントであるため、「価格に近づくと反発する」、「価格が抜けた後に勢いがつく」といったような動きにつながりやすいラインです。

ただ、そうはいっても高値・安値にやみくもに水平線を引けばいいというわけではなく、「優先度」を考慮するべきです。

例えば高値安値に引いたレンジのブレイクした方向にトレードする戦略を行うとして、図①の15分足チャートでは、7月15日と16日の高値と安値の間で2日間レンジになっていましたが、17日に高値に引いた水平線を抜けきたので、レンジが上方向に崩れるということをある程度想定できます。

ただ、問題はこれが15分足での高値ブレイクという点で、より時間軸の長い図②の4時間足チャートを見ると、6月5日の高値と6月22日の安値の間で大きなレンジになっていま

す。

確かにトレンドは小さな時間軸から徐々に大きな時間軸へと波及していく性質があります。

しかし、仮に15分足レベルでトレンドと判断できるような値動きになっても、時間軸を大きくするとレンジのままということはよくありますし、優先度（ブレイクや反発したときの相場へのインパクト）は長い時間軸の方が高くなるのです。

決して短い時間軸の水平線が機能しないわけではありませんが、分足や時間足でトレードする場合は、日足などの長い時間軸の高値や安値に引いた水平線をチェックして、現在の相場がどのような位置（トレンドの途中なのか、レンジの中）にあるのかを確認しておくとよいでしょう。

短い時間軸と長い時間軸のレンジ

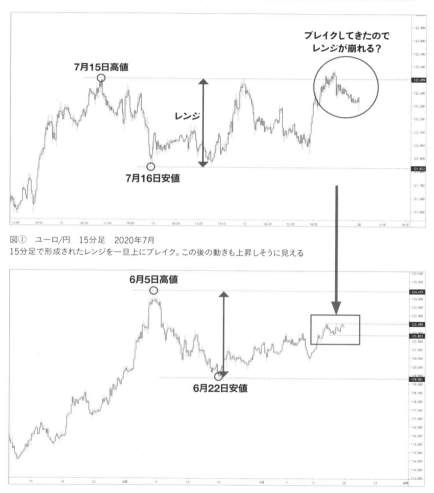

図① ユーロ/円 15分足 2020年7月
15分足で形成されたレンジを一旦上にブレイク。この後の動きも上昇しそうに見える

図② ユーロ/円 4時間足 2020年5月～7月
4時間足では図①のレンジは四角で囲んだポイント。長い時間軸でトレンドが確定したわけではない

028

前回の注目すべき支持・抵抗線の延長線は機能しやすい

支持・抵抗線を目安に短い時間軸でトレードすればチャンスが増える

Section2の027に関連して水平線のパターンとして、過去に抵抗線や支持線として機能している高値・安値に注目して、水平線として、そのラインを延長させておくという方法もあります。

例えば、図①のチャートの直近ではすでにラインをブレイクして下向きの動きになっていますが、それまでは直前の安値2点が抵抗線として機能していたことがわかります。

この水平線を延長して次の値動きを追っていったのが、図①のチャートから時間を進めた図②の画像で、この水平線は続く値動きでも抵抗線と支持線が何度か入れ替わることで、抜けた箇所で急騰したり、タッチしてから反発したりと、相場の起点になっていたことがわかります。

図①と図②はどちらも1時間足ですが、仮に水平線が機能していると想定できれば、短い時間軸で反転を狙ったトレードなどの戦略を立てることも可能です。

ここでもうひとつ重要なのが、安値に引いた水平線が132.000とロー

ソク足の動きがほとんど同じ場所にあるという点で、「安値高値」「キリ番」といったふたつの要素が重なると、相場の注目度はさらに増します。

常にこうした値動きにつながるわけではありませんが、直前で注目すべき水平線の抵抗・支持線があった場合には、その延長線を引いておくとトレードのチャンスを増やすことができます。

抵抗線の延長線が意識された例

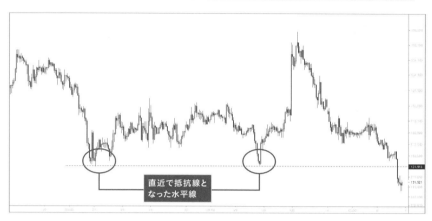

図① ポンド/円 1時間足 2020年4月〜5月
直近で意識された安値がブレイク。この水平線を延長させておく

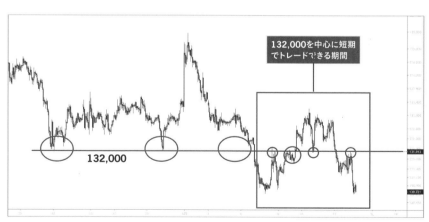

図② ポンド/円 1時間足 2020年4月〜5月 図①から時間を先に進めたチャート。意識された水平線を延長すると、支持・抵抗線として機能している。短期トレードのチャンス

029

水平線を使った
プルバックエントリー

エントリーの根拠を増やせるというメリットもある

一般的にラインブレイクを狙ったトレードは、基準となるラインを抜けたローソク足でのエントリーが基本とされていますが、近年の相場ではブレイク直前直後で急騰・急落があり、一度戻してからトレンド方向に向かいやすい、という傾向があるようです。

そうした状況の中で、素直にブレイクしたローソク足でエントリーすると高値掴みしやすくなりますが、この状況では「プルバックを待つ」エントリーがおすすめです。

例えば図①では、チャート上の過去の高値に引いた水平線がブレイク

する場面が2度ありました。

どちらもブレイク時に急騰しているため、急騰直後のタイミングに合わせてエントリーしていると短期的には損失が出ている場面です。

ただ、ブレイク直後ではなく、一度プルバックを待った○のポイントでエントリーすると、高値掴みを避けることができるのです。

また、プルバックを待ってからのエントリーは、直近高値から引いた水平線がサポートラインとして機能することになるため、トレンド発生に対する根拠が増えるというメリットもあります。

プルバックを待ってからのエントリー

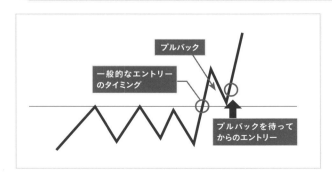

ブレイク後、プルバックするイメージ

プルバックを狙ったトレード例

図① ポンド/円 4時間足 2019年8月～10月
〇で囲んだ箇所は、どちらも高値の水平線をブレイク後、プルバックしてからトレンド方向に動いている

図② 米ドル/カナダドル 15分足
直近で意識されている安値が複数ある場合は、プルバックも複雑になりやすいので注意する

030

分割トレードでトレンドの「初動」と「確定後」を取りに行く

斜めラインと組み合わせるだけでトレードできる場所が増やすことができる

　高値・安値の水平線を使ったラインブレイクでのエントリーは有効な手段のひとつです。ただ、例えば図①のように、ブレイクでエントリーしたい高値に対して直前の調整が深い場合、ある程度トレンド方向に伸びてからエントリーすることになります。

　そうなると、ブレイクした時点でトレンド継続となるので、買いの根拠にはなりますが、一方で高値掴みの懸念も出るので、心理的にエントリーしずらいという状況も出てきます。こうしたケースへの対応としては「トレンドの初動」と「トレンドの確定後」というように、ふたつのポイントに分けて、ポジションを分割してエントリーする方法があります。

　まず、図①のようにAの高値を抜けた動きが調整を経て反転し、Bの高値を抜けてくれば、ダウ理論における上昇トレンド継続となります。これを前提として、Bから調整していく動きに対してCのような切り下げラインが引ける場合、仮にこのラインを上方向にブレイクするのであ

れば、これをトレンド継続の初動と考えることができます。

　つまり、まず、Cの切り下げラインのブレイクで取りたいポジションの半分をエントリーし、その後、想定通りBの水平線をブレイクしたら残りのポジションをエントリーするという戦略です。

　図②は図①のチャートを進めたものですが、Cの切り下げラインをブレイクした矢印のポイントはAの水平線が抵抗線となっており、上昇トレンド中の押し目として強く意識されていることがわかります。

　こうしたポイントでエントリーできると、仮にBの水平線で反発してレンジになったとしても、すでに含み益が出ている状態なので、追加でエントリーするかどうかを冷静に判断できるようになります。

分割エントリーのイメージ

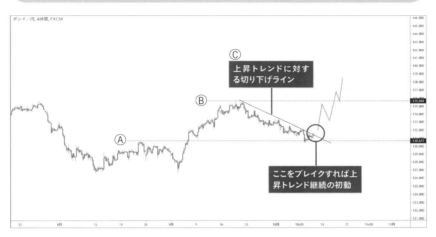

図① ポンド/円 4時間 Bの高値に引いた水平線をブレイクするとトレンド確定となるが、ここからのエントリーは心理的に「高値掴み」を意識しやすい

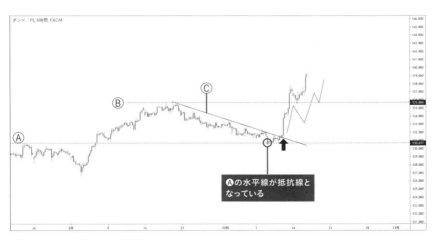

図② ポンド/円 4時間 図①の続き。Cの切り下げラインをブレイクしたポイントは、Aの水平線が抵抗線となっているポイントとも重なる

031

フィボナッチ・リトレースメントは別の要素と組み合わせて使うべき

61.8%を抜ければ
反転の可能性大

相場はトレンドが出て一方向に動いている時も、波のように押し目や戻り高値が起こります。この押し目や戻りが一時的な逆行なのか、トレンドの反転なのかを判断することが、相場において重要です。

その押し目や戻りの水準をフィボナッチ数列を使って分析するのが、「フィボナッチ・リトレースメント（FR）」です。通常は38.2%、50%、61.8%が目安となり、価格が61.8%以上動けば、反転の可能性が高いと判断できます。

よって、61.8%までは押し目、または戻りである可能性が残り、押し目買いや戻り高値での売り注文が置かれやすいポイントとなります。とはいえ、これらのラインも絶対的な数値ではないため、その価格で必ず反発するわけではありません。というよりも、多くのトレーダーの間で「フィボナッチ・リトレースメントの61.8%を抜けると反転の可能性が高い」という情報が広く共有されているからこそ、図①のようにこれらのラインが意識されて反応されやすいポイントとなっている、という点

は覚えておきましょう。

その意味でも、あくまで判断材料のひとつとして認識しておいた方がいいですし、別の要素を組み合わせて根拠を増やすという方法も考えるべきです。

図②はポンド/米ドルの15分足で下降トレンドに対して、高値から安値に向けてフィボナッチリトレースメントを引いたものです。価格が安値から反発して38.2%で戻りになっている形ですが、ここで注目すべきは1.26500のキリ番に引いた水平線と38.2%のラインがほとんど同じ位置で重なっています。

「意識されるからこそ反応する」という点を考えると、フィボナッチ・リトレースメントの重要ラインとキリ番が重なる場所は、相場においてより強く意識されるポイントと考えることができます。

こうしたキリ番の他にも、Section2の028のような、以前に意識されていた抵抗・支持線の延長線なども機能しやすいので、そうしたラインと重なる場所を探していくというのもひとつの手でしょう。

FRを使った押し目の判断

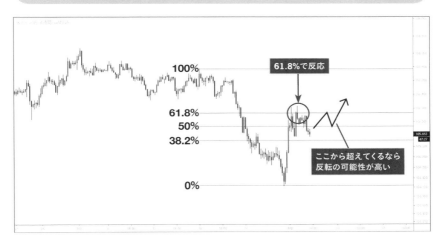

図① 米ドル/円 4時間足 2020年6月〜8月
直近の下降トレンドに対してFRを引いた例。61.8%のラインで反応している。ここを上抜けてきたら転換を判断

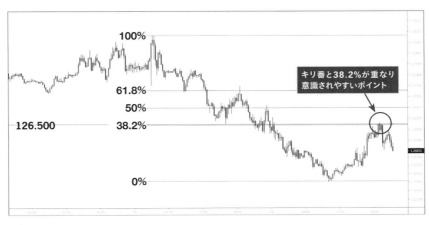

図② ポンド/米ドル 15分足
38.2%で価格が反応した例。ここは1.2650のキリ番も重なるため、相場で意識されやすいポイント

032

フィボナッチエキスパンションは利確の目安を作るのに有効

利確の目安として有効な分析ツール

フィボナッチ・エキスパンション（FE）はフィボナッチ・リトレースメントの応用で、値動きの調整を経て、そこから元のトレンドに戻った際の目標値を算出するテクニカルです。

基本となるのは、上昇トレンドの場合、安値を始点として、その後の高値と調整後の押し目安値の3点を設定して、これらに対してどれだけの伸び幅があるのかを想定していきます。

まず、ベースとなるのは、図①でいえば最初の上げ幅（A－B）と同じ幅（FEの数値が100％）までの上昇を考えます。

ただ、相場が強く、100％を超えても価格が上昇する場合は、127.2％や161.8％のラインまでを目安とします。下降トレンドではこの逆となります。

フィボナッチ・エキスパンションは、押し目買いや戻り高値での売りでエントリーし、すでに含み益が出ている状態で、利食いをどこで行うかを決める際に有効です。

例えば図②のように、上昇トレンドに対して価格の切り下げが起こり、このブレイクを狙ってエントリーするような場合は、直後の161.8％での価格の推移を確認しつつ、そこから伸びるようであれば、100％のラインを当面の利食い目標として考えておきます。

仮に100％のラインに達した場合は利食いを行いますが、値動きを見てさらに伸びそうな状況であれば、ポジションの一部だけを決済して、残りのポジションで127.2％や161.8％のラインまで狙いに行くのもひとつの手です。

トレード手法といえばエントリーに比重が置かれる傾向にありますが、利食いに関してもフィボナッチ・エキスパンションなどを使って具体的な目標値を設定しておくと、心理的な握力が強まりますし、収支を向上させる要因になります。

FEを使ってどこで利食いするかを判断

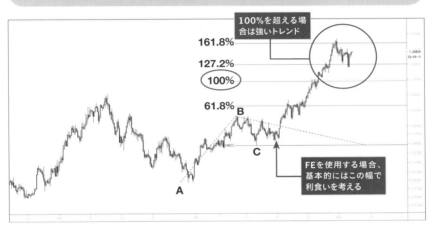

161.8%

127.2%

100%

61.8%

100%を超える場合は強いトレンド

B

C

A

FEを使用する場合、基本的にはこの幅で利食いを考える

図① ポンド/米ドル 4時間足
A、B、Cの3点でFEを設定。強い上昇トレンドによって161.8%まで価格が伸びた

161.8%

127.2%

100%

61.8%

0%

ここまでの幅を取りにいく

切り下げラインブレイクでエントリー

図② ポンド/米ドル 4時間足 切り下げラインのブレイクを基準に押し目買いをした場合、まずは100%までを目標にする。そこからさらにトレンドが強いと判断できる場合は127.2%や161.8%を目標に利食い

033

ピボットを使って裁量の
余地のない水平線を引く

裁量がないからこそ
世界中のトレーダーに意識されるライン

Section2で解説してきた各ライン は、それぞれ引くポイントを自分の 裁量で選択する必要があります。だ からこそ、効果的にラインを使うた めには、意識されている価格帯や場 所を判断する知識やコツが必要とな るのですが、「ピボット」はそうした 裁量の余地がない、唯一のラインで す。

ピボットにおける中心線(Pivot Point)は前日の3つの価格(高値・安値・ 終値)を用いて自動的に算出されま す。また、Pivot Point(以下「PP」)の上 下に引かれるS(支持線)とR(抵抗 線)と呼ばれる上下のライン(S1、 S2、S3、R1、R2、R3など)も、PPと前 日高値や前日安値を元にした計算式 で算出されます。つまり他のライン を引くには「場所」の選択が、テクニ カル指標を表示するには「期間」など の選択が、それぞれ必要ですが、ピボ ットにはそれが必要ありません。

だからこそ、ピボットに関しては だれが表示しても同じ場所に引かれ ることになるため、相場における 「唯一のものさし」だとDakarさんは 言います。また、計算が単純なこと

もあり、ピボットは世界中のトレー ダーに使われているため、その意味 で非常に意識されやすいラインだと 言えます。

ピボットの使い方は基本的に逆 張りです。特に急騰や急落があった 場合には、ピボットのRやSで反応す ることが多いので、その特性を使い ます。具体的には価格がRやSのライ ンに近づいたら逆張り(図①では売 り)します。その際、想定に反してR やSのラインを超えてきたら損切り します。

また、ピボットは順張りでも活用 することができます。上昇局面で上 昇の勢いそのままに、R1やR2を上抜 けていくことが想定される場合は、 上昇トレンドが続くと想定します。 つまり、図②では、R1を上抜けてト レンドが始まったら買いエントリー を行います。

つまり、ピボットを使った分析で は、価格がRやSを抜けるまでは逆張 りを想定しておき、抜けたら順張り のシナリオを描き始める、という使 い方をすることで、両局面に対応す ることができるそうです。

Section.2 ライン

ピボットを使った逆張り、順張り

図① 豪ドル/米ドル 15分足 価格が急騰しR1に達したが、ここで強い売りが出て反転している。逆張りを行う場合はこうした動きを狙ってエントリーする。エントリー後、R1を上抜けたら損切り

図② ポンド/米ドル 15分足 R1を上抜けた後、2度調整してから上昇トレンドが始まっている。ピボットの使い方の基本はR1での逆張り（売り）だが、R1を上抜けた時点で順張りに切り替えて使うことができる

034

Dakar

ピボットを使ってトレンド終了の節目を見つける

R（抵抗線）・S（支持線）を抜けるかどうかで相場の変化に対応する

ピボットは他のテクニカル指標と組み合わせて使うこともできます。例えば下のチャートではボリンジャーバンドの中心線が上向きなのと、Aのローソク足も上げているので基本的には上目線ですが、＋2σは横ばいで、トレンドが終了する可能性もあります。

そうした時にピボットに注目するとAのローソク足の少し上にR1が

あるため、このライン付近で売りが出てくることが予想されますが、R1を上抜けた場合は、逆に上昇する可能性が高いと言えます。

この状況を踏まえると、仮にR1で反転した場合は、レンジに移行、または下落相場へ反転と考えて売り、R1を抜けた場合は、ボリンジャーバンドを基準に買う、といった戦略を立てることができます。

BBとピボットの組み合わせ

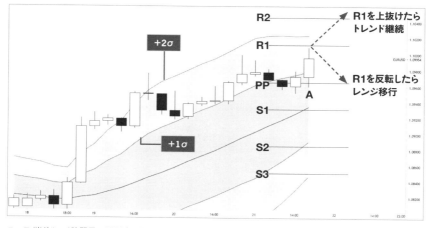

ユーロ/米ドル　4時間足　2020年5月　R1で反転した場合はレンジにレンジに移行、または下落相場へ反転。上抜けた場合はトレンド継続と考えて、ボリンジャーバンドの基準にそってエントリーし相場の変化に対応する

Section.3
オシレーター系

オシレーター系のテクニカル指標 概要

オシレーター系のテクニカル指標はそれぞれ計算式は異なりますが、
「価格の勢い」を視覚化するという点は共通しています。そのため、教科
書的には「売られすぎ」「買われすぎ」の水準になったら逆張りというの
がオシレーター系のセオリーとなっています。ただ、値動きというのは
そこまで単純ではなく、買われすぎているからこそ、さらに買われて上
昇するといった動きをすることもよくあります。そうした状況で、これ
らオシレーター系を単に逆張りの指標として使ってエントリーすると、
「買われすぎ」の水準に張り付いて損失を広げてしまいます。
そうしたトレードを減らすために、例えばパラメーターを調整してダマ
シを減らしたり、「売られすぎ」「買われすぎ」の水準から反転するポ
イントをルールとして定めた上で、逆張りをするといった工夫しながら使
う必要があります。

レンジ相場では
オシレーター系が機能しやすい

レンジ相場では、シンプルにオシレーター系が逆張り指標として機能し
やすくなるので、それぞれの指標が示す「売られすぎ」「買われすぎ」か
ら反転が確定したらエントリーしてくことが基本になります。ただし、
ここで重要になってくるのが、どこからが「レンジ」「トレンド」なのか

という認識です。オシレーター系指標だけでも判断できないことはないですが、前述のトレンド系のテクニカル指標やライン等と組み合わせることで、より判断がしやすくなります。

ダイバージェンスを確認して トレンド転換を早めに察知

オシレーター系に共通する技として、価格の方向性とオシレーター系が逆行する「ダイバージェンス」があります。特にトレンドがある程度進んだ段階で、オシレーター系指標とのダイバージェンスが起こると、続く値動きでトレンドの転換につながることがあるので、注意しておきたいサインです。

すでに含み益の出ているポジションを保有している場合、ダイバージェンスを確認したらポジションを一部決済しておくなど対策をしておくと、急なトレンド転換に対応することができます。

ダイバージェンスが起きても必ずトレンド転換につながるわけではありません。トレンドの転換を狙う場合は、ダイバージェンスで転換の予兆を早めに察知して、他のテクニカル指標などと併用して、転換時のエントリーの精度を高めるといった使い方ができます。

このようにオシレーター系は単独で使用するのではなく、他のテクニカルの技と合わせて使うことを基本としています。このSectionを読む際にはそれを踏まえて読んでいただけたら幸いです。

001

オシレーター系指標は特徴を把握したうえで、目的別に使うのが効果的

「買われすぎ」「売られすぎ」の判断以外にも活用することができる

オシレーター系指標というと、一般的には「買われすぎ」「売られすぎ」を判断して逆張りエントリーを行う際に使用するツールとして説明されることが多いでしょう。

ただ、そうはいっても、トレンド系指標の特徴を持つものや、順張りにも使えるなど、差異があるため、それぞれの特徴を把握したうえで、目的別に使用した方が効果的です。

Section3の002以降では監修者らがよく使う「MACD」「RSI」「RCI」「ストキャスティクス」「%R」といった5つの指標で使える技を解説しています。しかし上記の指標以外のオシレーター系指標でも、計算式自体は違えど、ダイバージェンス（Section3の007）の考え方などは共通しています。違いを把握した上で自らの手法に活用しましょう。

主なオシレーター系指標の一覧

名称	計算式	特徴と使い方、アドバイス
MACD	MACD線＝短期EMA－長期EMA シグナル線＝MACD線のN日EMA ヒストグラム＝MACD線－シグナル線	2本のEMAの差をグラフ化した指標でトレンドの方向性や転換を見極める 価格の勢いも確認できるが、グラフに上限・下限がないため「買われすぎ」「売られすぎ」といった過熱感は表示できない
RSI	RSI＝A÷（A＋B）×100 A:直近N本、終値で前の足から上昇した値上がり幅の平均 B: 直近N本、終値で前の足から下落した値下がり幅の平均 ※Nは通常14を使う	RSI＝A÷（A＋B）×100 A:直近N本、終値で前の足から上昇した値上がり幅の平均 B: 直近N本、終値で前の足から下落した値下がり幅の平均 ※Nは通常14を使う
RCI	RCI＝ 100×（1－6S／Nの3乗－N）	価格と時間、それぞれに順位をつけ、その相関関係を見ることで「割高」「割安」を判断する指標 0ラインを中心に＋100%を上限、－100%を下限として「売られすぎ」「買われすぎ」を見ていく。 トレンドが継続すると上限・下限近くで横ばいになることが多い。基本的には複数表示で分析する。

※N、X＝整数

Section.3 オシレーター系

130

名称	計算式	特徴と使い方、アドバイス
ストキャスティクス	%K＝（今日の終値-過去N日間の最安値）/（過去N日間の最高値-過去N日間の最安値） %D＝（N日間ストキャスティクスの分子のX日移動平均）/（N日間ストキャスティクスの分母のX日移動平均）	現在の価格が、N期間の高値や安値と比較して、「買われすぎ」「売られすぎ」を判断する指標 RSIと考え方が似ているが、%Kと%Dの2本を使って分析することもできるのが特徴。
%R	%R＝ （N期間の最高値－当日の終値）÷（N期間の最高値－N期間の最安値）×100%	当日の終値がN期間の中でどの位置にあるかを示す指標。 RSIやストキャスティクスと考え方が似ているが、上限が0%、下限が－100%で表示される。 RCIと同様、トレンドが発生している際には上限・下限で横ばいになることがある。
移動平均かい離率	かい離率＝（当日の終値-移動平均値）÷移動平均値）×100	価格が対象となる移動平均線から、どの程度かい離しているかを示す指標。かい離率がマイナス方向に広がれば、下降する動きが大きくなっていることを示す。 MACDと同じく上限・下限がないので、「買われすぎ」「売られすぎ」などを判断する場合は、過去の水準を参考にするとよい
サイコロジカルライン	サイコロジカルライン＝（N期間の価格上昇日の日数）÷（N期間）×100%	N期間の中で価格が上昇した日数が何日あるかを割合で算出し、相場の強弱を判断する指標。 ライン上昇で「買われすぎ」、ライン下降で「売られすぎ」と判断する。
モメンタム	モメンタム＝当日の終値－N日前の終値	当日の終値とN期間前の終値の差を数値化する、シンプルな指標。 MACDと同じように、0ラインを基準として下抜け・上抜けを狙う方法や、「売られすぎ」「買われすぎ」の水準から反転したタイミングでの逆張りにも使うことができる。
CCI	CCI ＝ TP － MA(TP) / (0.015 × MA(乖離率)) ※1	値動きのサイクルに注目して、価格の買われすぎや売られすぎを判断する指標。 100%超えで「買われすぎ」、－100%を下回れば「売られすぎ」とし、逆張り指標として使うが、強いトレンドが出ていれば、100%を上抜けで「買い」、－100下抜けで「売り」という順張りにも活用できる
%B	%b＝（現在値－バンド下限）÷（バンド上限－バンド下限）×100 ※2	ボリンジャーバンドの派生指標で、現在値がボリンジャーバンドのどの位置にあるかを指標化したもの。 価格がバンドを上抜けた場合、%Bの値が1.0以上になる。 1.0%を超えると「買われすぎ」、0%を割ると「売られすぎ」と判断する。

※1　TP＝（高値 ＋ 安値 ＋ 終値）／3　MA(TP)＝TPのN本単純移動平均　MA(乖離率)＝乖離率のN本単純移動平均
※2　バンドの上限・下限の対象は1σ〜3σのいずれかを任意で設定

002

相場の強弱が判断できる
MACDその絞った使い方

使う目的を絞れば意外とシンプルなテクニカル指標

　「ヒストグラム」「MACD線」「シグナル線」という3つで構成されるMACDは、移動平均線などと比べて要素が多いため複雑に感じる人も多いと思います。ただ、使う目的を絞れば意外とシンプルで、例えば「相場の強弱」を知りたい場合は「MACD線」と「0ライン」に注目してみましょう。下のチャートの前半の途中からMACD線が0ラインよりも下で推移していて、ローソク足と合わせて見ても下向きの値動きが続いていま

す。ただ、中盤でMACD線が0ラインを明確に抜けてからは、ローソク足も上向きに推移してます。

　つまり、MACD線が0ラインよりも上にある場合は「強い相場」、下にある場合は「弱い相場」と判断することができます。この性質を利用して、例えば順張りの買いで含み益が出ている状態であれば、MACD線を確認して0ラインを明確に下に抜けた時点で利確というような使い方ができます。

MACDで相場の強弱を判断する

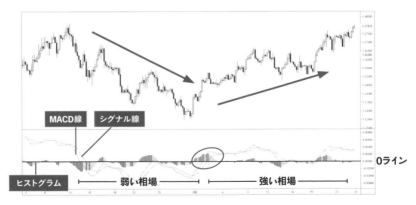

ポンド米ドル　4時間足　2020年6月〜7月　価格が下降トレンド時にはMACD線が0ラインよりも下、上昇トレンド時にはMACD線が0ラインよりも上で推移している

003

MACD線と0ラインで
相場の転換点を探る

MACD線の値は「短期EMA−長期EMA」で算出される

Section3の002の考え方を変えると、MACD線が0ラインを上抜け、下抜けしたポイントは「相場の転換点となる」と考えることができます。

もともと、MACD線というのは移動平均線からアレンジされたテクニカル指標で、「短期EMA（指数平滑移動平均線）−長期EMA」で算出されます。

つまり、MACD線が上から0ラインを下抜ける場合は短期EMAと長期

EMAのデッドクロス、MACD線が下から0ラインを上抜ける場合は短期EMAと長期EMAのゴールデンクロスと同じ意味になります。

このことから、MACD線が0ラインを下抜け、もしくは上抜けするポイントというのは相場の転換点となりやすいため、トレンドの方向感を探る際にMACDを活用すると、トレンドの転換から初動までの動きを見極めることができます。

Section.3 オシレーター系

MACD線の0ライン抜けと、EMAのGC・DCが一致

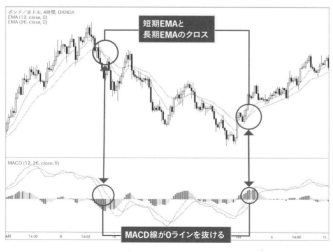

ポンド/米ドル
4時間足
2020年6月〜7月
MACD線の0ライン抜け
は、元となる短期EMA
と長期EMAを表示させ
ると原理が理解できる

MACD線とシグナル線のクロスで調整の動きを分析

調整の動きを早めに察知してトレンド転換に備える

MACDは「相場のピーク」を分析する目的で使われることがあります。

MACD線が移動平均線である短期EMAと長期EMAの差であることは前述しましたが（Section3の003）、もうひとつのラインであるシグナル線はMACD線を指数平滑移動平均（EMA）として計算してグラフ化したものです。

したがって、相対的に「MACD線は短期的な相場の勢い」を、「シグナル線は平均的な相場の勢い」を示すラインと考えることもできます。

例えば図1のチャート上にあるAのポイントは、MACD線が0ラインの上で、かつ高い水準で動いています。この状態を2本の移動平均線で考えると短期EMAと長期EMAの間隔が開いて、上昇の勢いが強いと判断できます。

ただ、Bのポイントでは天井圏で下向きの動きに変化したため、短期的に2本のEMAの間隔が狭くなっていることがMACD線を見ると判断できます。

そして、続く動きでMACD線がシグナル線をデッドクロスしているた

め、ここでは短期的な上昇の勢いに調整が入っていると判断できるのです。

ただ、MACD線とシグナル線のクロスはあくまで短期的な値動きの調整であるため、図①のBの状況は0ラインよりもMACD線が上にあり、上昇相場の途中という見方もできます。

そのため、このサインを元にエントリーする場合は、図②のように、あくまで短期の動きを狙うトレードという認識をしておく必要があります。

クロスと値動きの比較

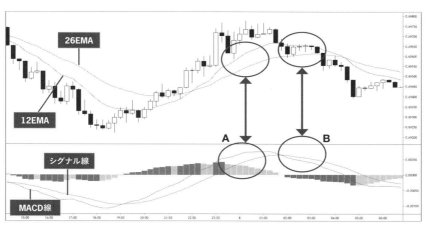

図① 豪ドル/米ドル　15分足
MACD線が天井圏から下向いてきたタイミングで2本のEMAの間隔が狭くなり始めていることがわかる

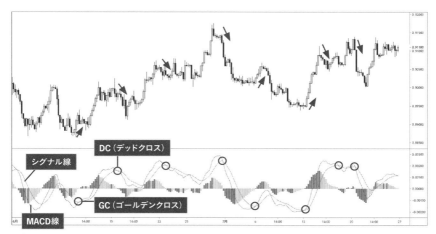

図② ユーロ/ポンド　4時間足　2020年6月〜7月　MACD線とシグナル線がクロスしたタイミングの価格の向き。すべてがトレンド転換するわけではないが、短期間の調整につながることが多いということがわかる

MACDは分割エントリーの基準に使いやすい

MACD線とシグナル線のクロスによる打診から分割エントリー

Section3の003と004のテクニックを前提にすると、買いの場合、MACDを使うことで、

「MACD線とシグナル線が、0ラインよりも下でゴールデンクロス＝底値圏の調整」

「MACD線が0ラインを上抜け（短期EMAが長期EMAをゴールデンクロス）＝下降トレンドから上昇トレンドへの転換」

という2つの視点で分析が可能です。この性質を活用することで、分割エントリーを行う際のタイミングを取りやすくなります。

具体的な戦略としては、買いの場合、「MACD線がシグナル線を上抜けした時点で打診買い、その後、MACD線が0ラインを抜けたら残りをエントリー」という方法です。

例えば右のチャート上に3つの矢印で示した箇所は、MACD線がシグナル線をゴールデンクロスした場所です。これは前述した通り、下降トレンド途中で相場の調整を示すサインです。

ただ、MACD線とシグナル線のクロスだけでは、そこからトレンドの転換に至るのか、もしくはトレンドが継続するのかを判断する根拠としては乏しいため、ここで買う場合はロットを少なくした打診買いがおすすめです。

打診買いした後に、含み益が出ていれば、MACD線が0ラインを上抜けるかに注目します。ここで0ラインを抜けない、もしくは下向きに強い動きが出るようであれば、建値や微益で決済します。

一方で、MACD線が0ラインを上抜けるようであれば、トレンド転換のサインとなるため、ローソク足の動きに注目しつつ、上方向に伸びそうであれば、追加エントリーしていきます。

MACDを使った分割エントリーの例

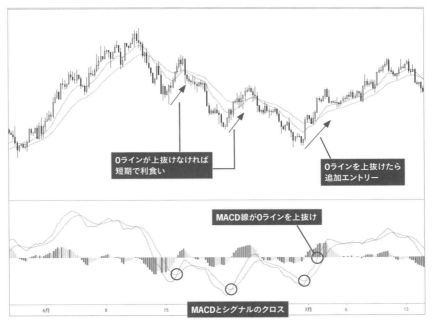

0ラインが上抜けなければ
短期で利食い

0ラインを上抜けたら
追加エントリー

MACD線が0ラインを上抜け

MACDとシグナルのクロス

ポンド米ドル　4時間足　2020年6月～7月

006 レンジの上限下限付近では MACDが機能しやすい

別の視点で根拠を加えると エントリーの確度を高めることができる

他のテクニカル指標とも共通する考え方ですが、MACDを根拠にエントリーを行う際に、ラインやトレンド系のテクニカル指標などを加えて、別の視点から根拠を加えると、エントリーの確度を高めることができます。特にMACDは相場の勢いを判断するオシレーター系指標でもあるため、レンジ相場で機能しやすく水平線と相性がいいという特性があります。

例えば①のチャートのAのポイントにおいて、MACD単体を見た場合、MACD線がシグナル線をゴールデンクロスしているため、下向きの値動きに対して短期的な調整が入ることを示唆しています。

ただ、MACD線が0ラインに対してかなり下に位置していて、相場の強弱としては「弱い」と判断することもできます。

Bのポイントでのローソク足の一連の動きを見ても、上下を繰り返しながら徐々に下げているため、少し上昇した後に、再度トレンド方向に下げていく可能性も否定できません。そのため、MACD線とシグナル線

のゴールデンクロス単体だけで判断すると、トレンド転換を狙ったエントリーをしてもいいのか迷う状況です。

ただ、図②のチャートのように、直前の安値と高値に水平線を足してみると、チャート上の一連の値動きが、2本の水平線の上下で明確にレンジになっているということが認識できます。さらに、直近の値動きを見ると、前回安値が意識されてローソク足がCのポイントで反転していることがわかります。このように、MACDが示すエントリーのサインと別の視点での根拠（レンジ下限での反転）が重なるポイントを見極めることで、エントリーの確度を高めることができるのです。

この時点ではレンジを下向きにブレイクする可能性もありますが、MACD線とシグナル線のクロスという根拠を踏まえると、レンジ下限から少し下に損切り注文を置いて、レンジ上限への反転を狙ったトレードを行うといった判断も可能です。

Section.3 オシレーター系

MACDと水平線を使ったエントリー例

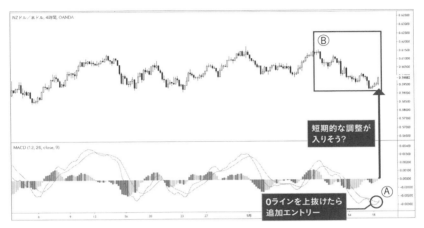

図① NZドル/米ドル 4時間足 2020年4月～5月
MACD単体で見ると矢印で示したポイントに調整が入るのか、そのままトレンド方向に進むのかを判断しづらい

図② NZドル/米ドル 4時間足 2020年4月～5月
直前で意識された高値、安値に水平線を引くとレンジ相場になっていることが一目でわかる

007

MACDのダイバージェンスで
相場の転換点を早めに察知する

ローソク足のトレンド更新と
オシレーター系指標が反対に動く現象

MACDを使った分析を行う場合に知っておきたい要素として、「ダイバージェンス」があります。

ダイバージェンスとは日本語にすると「逆行現象」のことで、FXにおいては価格とオシレーター系のテクニカル指標の値が逆行することを指します。

前述したようにMACDも短期EMAと長期EMAの差をグラフにしたもので、ざっくりといえば価格の「勢い」をグラフの上下で判断するオシレーター系のテクニカル指標のひとつです。

「勢い」というのは価格本来の動きとは別であるため、例えば図①のチャートのように、ローソク足単体を見ると安値を更新しているような場面でも、MACDはローソク足と反対に安値を更新せず、逆に上昇するといった状況が、時折起こることがあります。これがダイバージェンスです。

こうした現象が起こるということは、価格はトレンド方向に進んでいるとしても、トレンドの「勢い」が徐々に弱くなっている可能性がある

と考えることができますし、実際にダイバージェンス後に相場の流れが変わるということもよくあります。

そうした意味で値動きだけに注目していると判断し辛い相場の転換点を、ダイバージェンスに注目することで早めに察知できるのです。

しかしながら、ダイバージェンス後に必ず価格が反転するわけではないので、ダイバージェンス発生後に即、反対方向にエントリーという戦略に使うのは避けた方がいいでしょう。

ただ、例えばトレンドに対して順張りでエントリーし、すでに含み益が出ている状態であれば、ダイバージェンスでポジションを一部利確しておく、というような使い方ができます。

ダイバージェンス現象はMACDに限った話ではなく、RSIなど他のオシレーター系指標にも起こるため、先ほど説明した戦略は共通して使うことができます。

ダイバージェンスの例

図① 米ドル/カナダドル 4時間足 2020年4月〜6月 価格を見ると安値を更新しているため下降トレンドになっているが、MACDを見ると安値が切り上げていてダイバージェンスが発生している

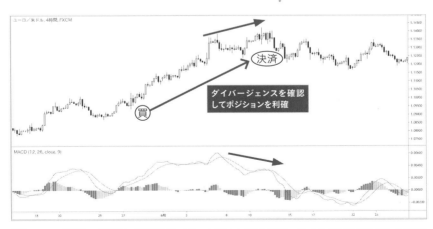

図② ユーロ/米ドル 4時間足 2020年5月〜6月 上昇トレンド中にダイバージェンスが発生している例。下から買って含み益が出ている場合、ダイバージェンスの発生を利確の基準として考えることができる

Section.3 オシレーター系

008

ダイバージェンスはMACDの ヒストグラムでも機能する

ヒストグラムも「相場の勢い」を示す

MACDを構成する3つ目の要素であるヒストグラムは、MACD線とシグナル線の差をグラフ化したものです。MACD線とシグナル線の間隔が広がればヒストグラムの値も大きくなりますし、間隔が狭まれば小さくなります。

つまり、ヒストグラムも「相場の勢い」として考えると、MACD線と同様にダイバージェンスが機能します。

下のチャートはヒストグラムだけを表示したもので、四角で囲ったAのポイントを見ると、ローソク足は安値を切り下げていますが、ヒストグラムでは逆に、切り上げてダイバージェンスとなっているため、価格の勢いが弱くなっていることがわかります。

ヒストグラムでダイバージェンスが起きた例

豪ドル/米ドル　15分足　2020年6月～7月

Section.3　オシレーター系

142

009

MACDの3つの要素を組み合わせるとより精度が上がる

転換を狙ったエントリーで根拠を増やすことができる

ヒストグラムはMACD線やシグナル線と組み合わせるとより効果的です。下のチャートはヒストグラムのダイバージェンスが発生しているところにMACD線とシグナル線を表示させています。そこに価格が上昇トレンドに転換するタイミングで「MACD線とシグナル線のゴールデンクロス」、「MACD線の０ライン上抜け」という2つのサインが出てい

ます（Section3の005参照）。これらを総合的に考えると、まずヒストグラムのダイバージェンスでトレンドの転換を想定し、MACD線とシグナル線のクロスで調整を狙ったエントリー、MACD線が0ラインを上抜けた時点で追加エントリーというように、それぞれの要素を組み合わせて戦略を考えることができるため、分析の精度を高めることができます。

3の要素を組み合わせて転換を分析

豪ドル／米ドル　15分足　2020年6月〜7月　ヒストグラムのダイバージェンスではエントリーせず、根拠が整う場面まで待つことで期待値の高いポイントでエントリーできるようになる

010

ヒストグラムの「リズム」に注目すると、次の展開が予想しやすくなる

一定の規則性＝リズムを見つけてトレードに反映する

DakarさんがMACDを使う際には、MACD線とシグナル線は使わずに、ヒストグラムだけを使って、売買のタイミングを分析しているそうです。具体的に何を見ていくかというと、ヒストグラムの「リズム」です。

リズムというのはヒストグラムの山ができる周期などのことで、一定の規則性を見つけたときにトレードに活用するそうです。下のチャー

トの例は、「高さのリズム」に注目したそうです。

Aのゾーン直前に下げが2度あり、ます。一方のMACDのヒストグラムを見ると、高さが同じ山が続いています。このことから、続く値動きでもヒストグラムの高さが同様になると判断し、地合いが下げていたため、Aのゾーンでは売りのみでエントリーしています。

「高さのリズム」に注目したトレード例

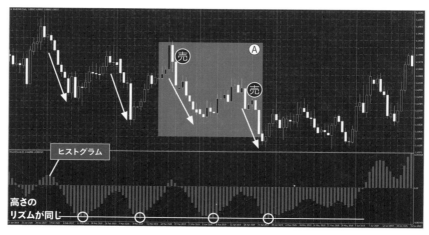

ユーロ/米ドル　日足　Aのゾーン直前の値動きに対して、ヒストグラムの山が2度同じ高さになっている。このリズムを確認できたので、続く動きでも同じ高さになると想定して売りのエントリーを行った

011

Dakar

ヒストグラムは「本数のリズム」に注目すべき時もある

トレンド方向と逆側にできるヒストグラムの本数に注目

Section3の010と関連して、Dakarさんがヒストグラムを使ってトレードする際のバリエーションに「本数のリズム」を見ていくパターンがあります。

下のチャートでは、ヒストグラムの○で囲んだ部分に注目しています。短期的に下げていく価格の動きに対して、MACDを見ると、0ラインの少し下に短めのヒストグラムが8

～10本程度続いた後に上昇に転じていることがわかります。

これが「本数のリズム」で、Dakarさんはこの規則性を想定し、Aのゾーン内において、ヒストグラムが一度0ラインを下回った後、上昇に転じた動きを確認して、2度買いのエントリーをしています。

「本数のリズム」に注目した例

ヒストグラム 　本数のリズムが同じ

ポンド/米ドル　15分足　ヒストグラムが一度0ラインよりも下になり、再度上昇するまでの本数に注目した例。Aのゾーンでは8～10本のリズムとなっていて、0ラインよりも上になったタイミングで、エントリーする

012

「上下のリズム」が確認できれば売りと買い両局面でトレードができる

上下に規則性がある場合は持ち合いの展開を想定する

Section3の010や011と関連して、Dakarさんはヒストグラムの「上下のリズム」にも注目しています。

下のチャートでは、一連のヒストグラムの動きに「高さ」や「本数」の共通性はありません。

ただ、「上下」の動きを見ると、上に行った後は必ず下に、下に行った後は必ず上、というリズムで動いています。

ヒストグラムの上下の動きに規則性があるということは、価格が持ち合いになる可能性が高い状態です。

Dakarさんはこのリズムを発見した段階で、その後の値動きも同じ展開が続くと想定し、上がったら売り、下がったら買いという両局面でトレードをしています。

「上下のリズム」に注目した例

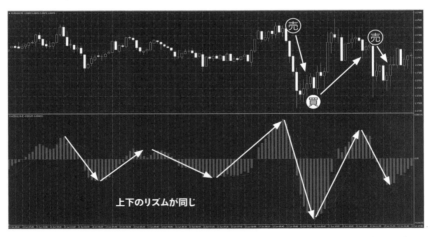

ユーロ/米ドル　5分足　ヒストグラムを見ると、本数や高さは揃っていないが、上に行ったら下に、下に行ったら上にという「上下のリズム」ができていることがわかる

Section.3　オシレーター系

146

013

相場の「行き過ぎ」を判断する RSIで逆張りを狙う方法

戻して来たタイミングで入るとダマシを減らすことができる

　RSIは一定期間の上下の変動のうち、上昇した割合を算出するオシレーター系のテクニカル指標です。数値は％で表され、50％より上に数値がある場合は上昇の勢いを、50％よりも下に数値がある時は下降の勢いを表します。

　70％以上で「買われすぎ」、30％以下で「売られ過ぎ」とされ、RSIは一般的にそこからの調整を狙った逆張りの指標とされています。ただ、

70％、30％を超えるという動きが出た時点で値動きに勢いがついてしまうので、ラインを超えてから単純に逆張りしてしまうと、含み損になるケースも多々あります。

　そのため、より厳密にいえば下のチャートで〇を示したポイントのように、一度70％、30％を超えてから戻ってきたタイミングでエントリーすると、比較的ダマシを減らすことができます。

Section.3　オシレーター系

RSIで逆張りする例

70％、30％を超えて戻したタイミングで逆張り

ユーロ/円　15分足　2020年
RSIを使った逆張りエントリーでは、一度30,70％を超えて戻してきたタイミングの方が精度が高くなる

014

RSIの逆張りはレンジ相場に限って使う方が期待値が高い

レンジだけに絞ってRSIを見るのもひとつの手

オシレーター系指標一般に通じる考え方ですが、相場の過熱感を判断して逆張りする際に、相場環境を認識しておくことは非常に重要です。

特にRSIの場合、70％を上抜け、30％を下抜けするような動きがあったとしても必ず反転するわけではなく、シンプルに逆張りしても、トレンド方向への値動きで損切りされるケースも多々あります。

こうした場合の対応策として、別の分析方法を併用し「今がトレンドなのか、レンジなのか」を判断する必要があります。

例えば下のチャートのように、高値と安値に引いた水平線の中で価格が推移して、かつRSIが逆張りのサインを出す場合はエントリーし、レンジを抜けた場合はエントリーを控えるという工夫をするだけでも、精度を上げることが可能です。

レンジ相場とトレンド相場での反応の違い

米ドル/円　1時間足　2020年6月　RSIを軸に逆張りトレードを行う場合は、レンジだけに絞って行った方が結果につながることが多い。レンジブレイク後、トレンドが発生したら「休む相場」とするのもひとつの手

015

RSIはトレンドの 継続を見るときにも効果的

RSIが50%の上か下かでトレンドの継続を判断する

RSIが70％以上、30％以下でも強いトレンドが出ている場合は反転しないこともよくあります。とはいえ、そうした相場ではRSIは全く使えないというわけではなく、発想を転換すればむしろ有効です。具体的には、RSIが50％よりも上か下かを見てトレンドの継続を確認するという方法です。

例えば下のチャートは前後半で上下のトレンドが出ており、下のRSIを見ると50％よりも下で推移している時には下降トレンド、50％よりも上で推移している時には上昇トレンドがそれぞれ継続していることがわかります。この特性を利用して、買いであればRSIが一度70％を超えて、50％を割らずに推移していれば押し目買いの戦略を想定するといった方法や、順張りで利確する際に50％の下抜けを基準として活用することができます。

トレンド下でのRSIの動き

ポンド/米ドル　4時間足　2020年4月〜6月
トレンド下でRSIが50％を割らずに推移している時は継続と判断して順張りに活用する

Section.3　オシレーター系

149

016

RSIの切り下げ・切り上げ ラインが機能することがある

トレンドの流れの中でできた「タメ」を視覚化する方法のひとつ

RSIを使ったテクニックとして「切り下げ、切り上げブレイク」を狙うという方法があります。

これはSection2の006で解説したローソク足上に引く、切り下げ、切り下げラインと同じ考え方です。下のチャートに〇で示したポイントのでは、トレンド方向に対してRSIの高値の切り下がり、安値の切り上がりが起きています。

RSIがトレンド方向に対して切り

下がり、切り上がりするということは、短期的に見るとトレンド方向への勢いが徐々に減少しているということになります。これはトレンド中で、押し目や戻り高値を形成する途中でできた「タメ」とも考えることができます。したがって、このラインのブレイクは、押し目や戻り高値でのエントリーを考える際の根拠とすることもできます。

RSIの切り下げ、切り上げライン

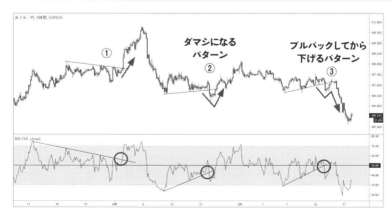

米ドル円　4時間足　RSIの切り下げ、切り下げラインが引ける場合、ローソク足の切り下げ切り下げが重なることも多い。ただ、②や③のようにダマシやプルバックが入るケースもあるので、他のテクニカルと併用して根拠を加えた方がよい

Section.3　オシレーター系

017

RSIもダイバージェンスで トレンド転換を察知できる

トレンド方向と反対にRSIが動くときは転換の初動

　RSIもオシレーター系の指標であるため、MACDと同様、ダイバージェンス（価格との逆行現象）は相場でも意識されますし、必ずチェックしておくべきサインです。

　基本的な考え方もMACDと同様に、価格がトレンド方向に動いている（高値、安値を更新している）状態でRSIがトレンドと逆に動いている場合、トレンドの勢いが弱まってい

ると想定できます。

　そのため、Section3の007で解説したような、トレンドが出ている状態でエントリーし、すでに含み益がある場合に、ダイバージェンスが出たらポジションを決済するという方法も共通して使うことができます。

Section.3 オシレーター系

RSIのダイバージェンス

ユーロ/米ドル　1時間足　2020年3月～4月
価格の切り下がり、切り上がりに対してRSIのダイバージェンスが起こり、トレンドが反転している

018

Dakar

RSIは地合い次第で買いのみ、売りのみでトレードすると効果的

「70%タッチで売り、30%タッチで買い」を地合いによって使い分け

DakarさんがRSIを使う際は、基本的な考え方である「30%で売られすぎ」「70%で買われすぎ」というセオリーを踏襲して、そこからの逆張りの戦略を取ることが多いそうです。

ただ、その戦略を実行する際に重視しているのが地合いで、例えばDakarさんは図①の状況でRSIを使ったトレードをしていますが、その地合い認識としては上昇相場だったのでたので、ここではRSIを見て30%にタッチしたらエントリーという戦略を立てました。

つまり、「70%にタッチしても新規の売りは行わず、30%タッチで買い、70%タッチで決済」というプランです。

このように、地合い認識が上昇であれば上記のロジックを適用し、地合い認識が下降であればその逆（70%タッチでエントリー、30%タッチで利確）を行うというのがDakarさんの使い方なのです。

ただ、こうしたロジックを適用してトレードする場合、実際の値動きの中では30%にタッチしてから素直に70%まで価格が伸びるケース

ばかりではありません。

図②のチャートの中央部で囲ったふたつ目のエントリー（A）もまさにそのような状況です。ロジック通り考えると30%にタッチした時点で買いエントリーを入れることになりますが、その後しばらくして再度30%にタッチしています。

このような場合、状況判断になりますが、前述の通り、地合いが上昇中であれば、価格が30%を割るかどうかは関係なく、ロジック通りに70%にタッチするまで何もせずにスキャルピングを続けてもよいでしょう。

なお、利確については上昇したローソク足が実体で70%にタッチして足が確定したタイミングで行います。

Section.3　オシレーター系

RSIを使った押し目買い

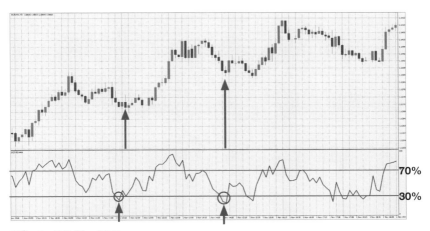

70%
30%

図① ユーロ/米ドル　5分足
地合いが上向きなので、30%タッチで買い、70%タッチで決済のロジックでエントリー

Ⓐ 地合が上昇中なので
ロジック通り70%ま
で保有

エントリー後、再度30%にタッチ

70%
30%

図② ユーロ/米ドル　5分足　判断に迷いやすいポイントでは、相場認識を踏まえて保有か損切りかを考える。
ここでは上昇トレンドの継続を前提にプラン変更せず、ロジック通り70%タッチまで保有を続ける

019

Dakar

オシレーター系指標が
機能しやすい環境認識

レンジが崩れる可能性がある日時を考えて動く

Dakarさんはオシレーター系のテクニカル指標を使う際には、基本的にレンジ相場でのトレードに活用しています。その際に、それぞれのテクニカル指標が示すサインに沿ってトレードしていくことも重要なのですが、それ以上に、「レンジがどこまで続くのか」を、トレードする時間帯や経済指標などから考えて、未来のある地点に想定することが大事だ

そうです。例えば、下のチャートは米国雇用統計発表前の動きですが、AB間のレンジになっているため、RSIが機能しています。ですが、数時間後に米国雇用統計の発表を控えているため、強い値動きが出るという可能性を踏まえると、Cのポイントあたりまできたら、そろそろエントリーをやめるべきということです。

環境認識によってトレードしない場面を判断

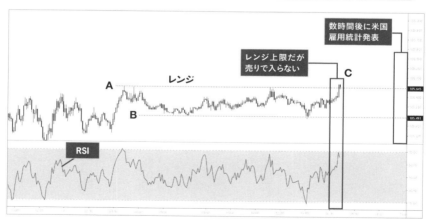

米ドル/円　5分足　AB間のレンジが続けば、RSIを使った逆張りトレードが可能だが、時間帯や経済指標の予定などを加味して、トレードしない場面を判断する

020

RCIの最も基本的な見方は切り上がり・切り下がりに注目

RCIはトレンドが発生すると張り付きやすい

RCIは「順位相関指数」と呼ばれるオシレーター系のテクニカル指標で、一般的にはRCIのグラフが＋80％に達したら「買われすぎ」、−20％に達したら「売られすぎ」といった相場の過熱感の判断をするのが、最も基本的な考え方です。

このような見方はRSIやストキャスティクスとも共通していますが、RCIの特徴として、±100％に近づいた段階でトレンド方向に値動きが続くと、＋80％や−20％のライン付近に張り付く傾向があるため、他のオシレーター系指標と比べてすぐに反転してこないという特徴があります。

そうした理由から、例えば下のチャートのように、＋80％や−20％に達した時点で即反転を考えるのではなく、再度グラフが戻ってきた（切り下がり・切り上がり）ポイントで反転を考えるとより分析の精度が上がります。

RCIは戻りのタイミングまでの「待ち」が重要

豪ドル/円　1時間足　2020年　RCIを使って反転を狙う際には、+80%や-20%を突き抜けたタイミングで入ると、早仕掛けになりやすい。しっかりと反転するタイミングまで待つことが重要

021

RCIのラインを複数表示する場合は目的を分けるとシンプルに使える

目的別で使い分けると判断が複雑にならない

基本的にRCIは内部のラインを2本以上表示して使用するケースが多いテクニカル指標です。

例えばSection3の020ではパラメーター26のRCIを表示していましたが、ここに短いパラメーターのRCI（図①のチャートでは9）を表示させることにより、少し早めに転換の兆しを見つけることができるようになるのが複数表示するメリットです。

図①のチャートでは短期線（9）と長期線（26）の2本を表示しています。当然、パラメーターが短い短期線の方が、値動きに対して敏感に反応するので、短期線を単体で見るとダマシが多い印象になり、また、漠然と見ていても、波形が複雑なので使いづらい印象を受けます。

そんなときは、短期と長期の役割を分けて見ていくとよいでしょう。

RCIもSection3の007で解説したような、ダイバージェンスが機能します。

その視点で短期線を確認してみると、図①では、短期線がダイバージェンスしている箇所があり、その後反転していることがわかります。

RCIの基本である、上限や下限からの反発で見ると、シグナルが頻発していますが、ダイバージェンスだけに集中すると短期線も反転の前兆を分析する目的で十分使用できます。

「短期線でダイバージェンスが出ている」という前提のもとに、長期線を見ると、セオリー通りの切り上げからのエントリーも、事前にトレンド反転の根拠が出ているため、優位性のある状況と判断することができるのです。

RCIを複数表示する場合は要素を分解してみる

図① ユーロ/米ドル 4時足 2019年12月〜2020年1月 複数本使用する場合は、まず、短期RCIに注目。ダイバージェンスが起こっている箇所を見つけてトレンド転換を想定する

図② ユーロ/米ドル 4時足 2019年12月〜2020年1月 短期RCIでダイバージェンスができれば、長期RCIを使った切り上げ・切り下げでのエントリーも根拠が重なることになる

022

トレンド途中の押し目・戻り高値は 3本表示のRCIで確認するとよい

長期・中期が張り付き、短期だけが 反応している状況を探す

RCIの特徴のひとつとして、パラメーターで採用する期間を大きい数値に設定すると、トレンドが発生している場面で±100付近に張り付くパターンがよく見られます。

上限、下限にRCIが張り付いている場合、トレンドの継続を示唆しているため、この特性を利用して押し目買いや、戻り高値での売りといったエントリーに応用することができます。

例えば図①のチャートでは、中盤以降に強い上昇トレンドが出ていて、3本表示したRCIのうち、中期線（26）と長期線（52）が100%付近に張り付きながら推移しています。

Section3の018で解説したような見方であれば、中・長期線が切り下げたタイミングで売りを狙いたくなる場面ですが、このチャートのような3本線のうち短期線だけがトレンドと反対方向に反応した場合は、逆に押し目買いのチャンスです。

特に、〇で囲ったような「中・長期線が+80％付近で張り付き」「短期線は−20％付近で切り上げ」というような条件が整えば、押し目買いの

期待値はかなり高くなるといえます。

逆に、チャート後半のように中・長期線が上限から切り下げてくれば、トレンドが転換すると判断できるので、含み益が出ている場合はここで利確します。

複数本表示させていると、こうしたトレンド相場での戦略も増えますし、RCIを使う場合はトレンドの有無によって戦略を変えていくと、エントリーの機会を増やすことができます。

Section.3　オシレーター系

3本の移動平均線を使って押し目、戻り高値を狙う

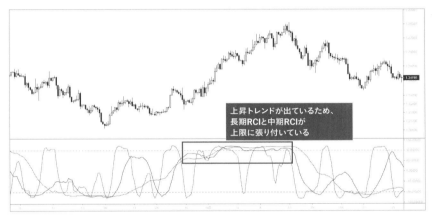

> 上昇トレンドが出ているため、
> 長期RCIと中期RCIが
> 上限に張り付いている

図① ポンド/米ドル 4時間足 2020年6月〜7月
中・長期RCIの上限での張り付きはトレンドが強いことを示している

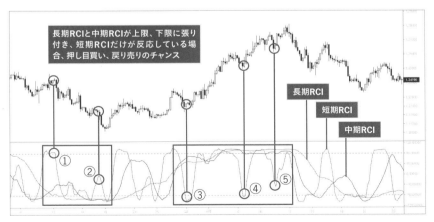

> 長期RCIと中期RCIが上限、下限に張り
> 付き、短期RCIだけが反応している場
> 合、押し目買い、戻り売りのチャンス

長期RCI

短期RCI

中期RCI

① ② ③ ④ ⑤

図② ポンド/米ドル 4時間足 2020年6月〜7月 トレンドが強い状況では、中・長期が張り付く一方で短期線だけ
が逆に動くことがあり、これが押し目買いのチャンスとなる

023

目的を持たせてテクニカルを
組み合わせると精度が高まる

RCIの目的に合ったテクニカルを追加することで
より効果的に分析ができる

パラメーターの設定にもよりますが、基本的にエントリーや利確は複数の根拠が重なるポイントで行うと収支の向上につながります。

RCIの場合は前述した通り「過熱感の判断」と「トレンド継続の判断」、どちらにも活用することができるので、それぞれの状況に合わせて別のテクニカル指標を組み合わせるという方法も効果的です。

例えば、図①のチャートのように、ボリンジャーバンドを使って、短期的なトレンド転換からの値動きという「トレンド継続の判断」を目的として狙って、「中心線をブレイクしたらエントリーし、±2σ抜けで一部利確、中心線抜けで残りを利確」というルールでトレードしていく場合、RCIの切り上げ・切り下げを加えると、ダマシを減らすことができます。

また、Section3の022で解説した3本のRCIを使った押し目を狙う手法では移動平均線を組み合わせると、「過熱感の判断」としてより精度を上げることができます。

図②のチャートのように、長期RCIと中期RCIが上限に張り付いて、短期線のみが反応している状況が確認できたら、上の移動平均線の反発と重なるポイントでエントリーといった形です。

ここではあくまで組み合わせの例としてボリンジャーバンド×RCI、移動平均線×RCIという組み合わせを紹介しましたが、もちろん他のテクニカルと組み合わせても機能します。

重要なのは目的に沿った要素を用いて「根拠を増やす」ということなのです。

他のテクニカルと組み合わせた例

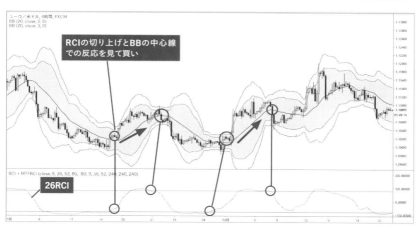

図① ユーロ/米ドル 4時間足 ボリンジャーバンドはパラメーターを20に設定した±2〜3σを表示。
RCIと組み合わせることによって、トレンド転換のダマシを減らすことができる

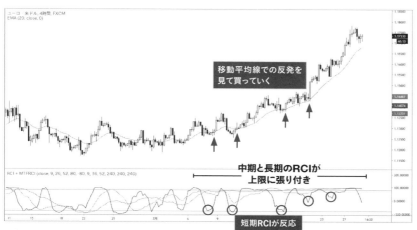

図② ユーロ/米ドル 4時間足 2020年6月〜7月 移動平均線として20EMAを表示。3本のRCIにチャート上の
EMAを加えることによって、押し目買いのタイミングに根拠を重ねることができる

024

ストキャスティクスのダマシを 数字の調整で減らす

デフォルトから少し数値を変更してみる

ストキャスティクスは、オシレーター系指標のひとつで、%Kと%Dが80%を上抜けて戻してきたら売り、20%を下抜けて戻したきたら買い、というのが基本的な使い方です。

ただ、ツールにもよりますが、%Kパラメーターが5や14といった短めの数値で設定されていることが多く、実際のチャートに当てはめてみるとシグナルが頻発するため、ダマシになることも多いのが難点です。こうしたダマシを回避するには%Kのパラメーターを調整して30以上の数値に設定してみるのもひとつの手です。

数字を大きくするほどシグナルが減り、エントリーの機会が厳選されるので、売買する通貨ペアや時間軸別に試してみるといいでしょう。

%Kの数値を調整した例

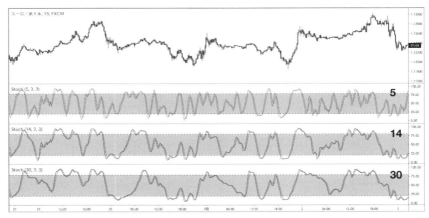

ユーロ/米ドル　1時間足　2020年6月〜7月　通常であればストキャスティクスは複数表示しないが、ここでは各パラメータごとの違いをわかりやすくするために複数表示している。ストキャスティクスの%Kの数値を変更した3パターン。上から14、30、60でそれぞれ設定してある

025

ストキャスティクスの ダイバージェンスを狙う

考え方はRSIなどと同じ

　ストキャスティクスもオシレーター系指標であるため、RSIなどと同様に価格との逆行（ダイバージェンス）を戦略のひとつとして組み込むことができます。

　考え方も他のオシレーター系指標と同じく、価格の安値切り下げ、高値切り上げが起きたタイミングでストキャスティクスが反対方向に動いていたらトレンド方向の勢いが弱

まり、トレンド転換を想定します。

　ストキャスティクスの場合、%Kと%Dのクロスもエントリーにおける根拠のひとつとなるので、あえてダイバージェンスが起きた場面だけに絞って、%Kと%Dのクロスを狙ったエントリーを行いトレードの精度を上げる、という方法も考えられます。

ストキャスティクスのダイバージェンス

ユーロ/米ドル　15分足　2020年7月　価格の安値切り下げに対してストキャスティクスがダイバージェンスしている。%Kと%Dのクロスを根拠にエントリーする場合、こうした場面に絞るという手もある

MACDとの併用で「休むべき相場」を判断

ストキャスティクスが「通用する場面」を厳選する

ストキャスティクスは基本的にレンジ相場で機能するテクニカル指標です。そのため、水平線や他のテクニカル指標と併用して、「通用する場面」を厳選する必要があります。例えば下の図のように、価格を〇で囲った場面はストキャスティクスが機能しています。ただ、後半のように安値をブレイクしてくると流れが変わる可能性を示唆しています

が、ここでMACDも参照してみましょう。この局面では、安値ブレイク後に、MACD線が0ラインよりも下側の深いところまで推移しているので、下向きの勢いが強く、先ほどのレンジ相場のような規則正しい上下の動きが出づらくなっています。

このように他のテクニカル指標と併用するとストキャスティクスでの「休む場面」が判断できます。

ストキャスティクスとMACDを併用して判断

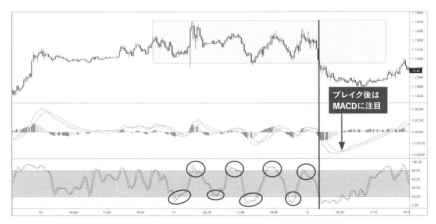

ブレイク後は
MACDに注目

ユーロ/米ドル　15分足　2020年7月　四角で囲ったレンジを抜けると、ストキャスティクスの上下が乱れている。こうした場面では他のテクニカル指標と併用すると、トレードをするかしないかの判断がやりやすくなる

%Rは−20%、−80%に張り付いてからの反転が狙い目

ハイライン・ローラインに張り付いてから戻すタイミングを狙う

%R（パーセンテージ・アール）は、米国の投資家、ラリー・ウィリアムズが開発したオシレーター系指標で、使い方としてはストキャスティクスと同じように、−20%からの戻り売り、−80%からの押し目買いが基本です。

%Rで狙い目なのは下の図のように、−20%、−80%を超えてしばらく張り付き、そこから反転するよう

なタイミングです。

一時的な−20%、−80%越えからのエントリーももちろん使えますが、状況によってはダマシが発生しやすくなるため、前述したタイミングでエントリーすることで、精度を上げることができます。

%Rを使った逆張りの例

豪ドル/米ドル　15分足　2020年7月　矢印で示したポイントのように、%Rが一時的に−20%、−80%に張り付き、そこから戻したタイミングでのエントリーは機能しやすい

028

%Rはパラメーター操作で
有利な展開に持ち込める

ダマシを減らしてエントリータイミングを厳選する

　%Rを使用するうえでダマシを減らしたいのであれば、RSIやストキャスティクスと同様にパラメーターの調整を行うと効果的です。

　下の図はSection3の026と同様にパラメーターの異なる%Rを3つ表示させ、上から14、30、60の数字を設定しています。

　図を見てわかるように、パラメーターを大きくすればするほど、価格

の上下に対して緩やかに反応するようになるため、シグナルが頻発することがなくなり、厳選されています。

　特に大きなトレンドを確認して反転するタイミングを分析したい場合は、パラメーターに大きめの数字を設定すると、より精度が上がります。

パラメーターの異なる3つの%R

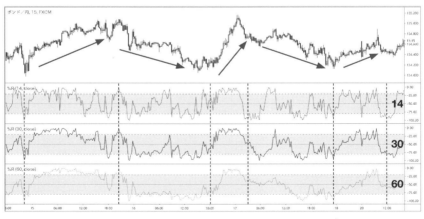

ポンド/円　15分足　2020年7月　パラメーターを大きくするほど、ひとつの流れの中で方向が切り替わるタイミングだけ%Rが反応しているのがわかる

Section.4
チャートパターン

001

三尊、逆三尊は相場の 転換時に意識されやすい

トレンドがある程度進んだ状況での出現に注目

　チャートパターンは、いろいろと種類がありますが、トレンドからの転換を分析するといった目的別で見るとそれぞれの役割を理解しやすくなります。

　例えば三尊・逆三尊は、相場転換のタイミングを見る際に有効なパターンです。下の図のように、トレンド中にふたつ目の山の高値（安値）から更新されず、切り上げ（下げて）

きたライン（「ネックライン」とも言います）をブレイクすると完成です。トレンド方向の動きがある程度進んだ段階での出現は「転換」が意識されやすくなります。ポジションを保有している状況で三尊、逆三尊が完成しそうなら決済を、転換を狙ってエントリーする場合はネックラインの上抜け、下抜けに注目しておくとよいでしょう。

三尊・逆三尊のイメージ

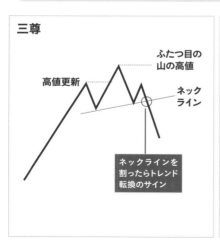

三尊

高値更新
ふたつ目の
山の高値
ネックライン
ネックラインを
割ったらトレンド
転換のサイン

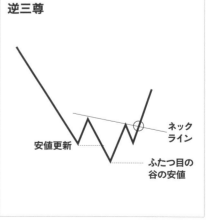

逆三尊

安値更新
ネックライン
ふたつ目の
谷の安値

三尊、逆三尊はトレンドの天井や底で出ると転換が意識される

002

前回の高値安値割れから
三尊・逆三尊の精度を上げる

意識されやすいとはいえ、三尊、逆三尊が絶対的な指標ではない

　三尊、逆三尊はトレンドがある程度進んだ状況で出現すると、相場の転換が意識されやすいパターンです。とはいえ、三尊、逆三尊も絶対的なものではないため、出現すれば必ずトレンドが反転するわけではありません。

　また、ネックラインを割る動きがダマシになり、そのまま再度トレンド方向に進んでいくこともあるので、三尊、逆三尊のネックライン割れだけをトレードの根拠とするのは避けた方がいいでしょう。

　より精度を上げるのであれば、例えば、ダウ理論のトレンド（Section 1の028参照）が崩れる、前回の安値を下抜けるタイミングまで待つ（三尊の場合）などして、根拠を追加する必要があります。

Section.4 チャートパターン

根拠を加えるイメージ

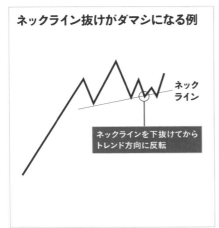

ネックライン抜けがダマシになる例

ネックライン

ネックラインを下抜けてからトレンド方向に反転

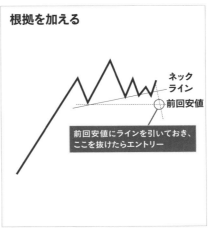

根拠を加える

ネックライン

前回安値

前回安値にラインを引いておき、ここを抜けたらエントリー

ネックライン抜けは意識されやすいポイントだからこそ、ダマシになることも多い。
三尊や逆三尊で反転を狙ったトレードを行う場合は、根拠を追加することで分析の精度を高める

003

ダブルトップ（ボトム）は 完成すると転換が意識される

シンプルにトレンド転換が意識されやすいパターン

　三尊、逆三尊と同様に、相場の天井もしくは底から転換していくタイミングで意識されやすいパターンが、ダブルトップ（ボトム）です。

　このチャートパターンは非常にシンプルです。下の図のように、前回高値（もしくは安値）のブレイクの失敗、もしくはブレイクしてからのダマシが確定して、そこから反転していくことから、アルファベット

のMやWの形状になります。三尊、逆三尊と異なるのは、ネックラインが水平線になるという点で、例えばダブルボトムのネックラインは、前回高値に引いた水平線となります。このネックラインは、ダウ理論におけるトレンドが崩れるポイントとも重なるので、ダブルトップ（ボトム）の完成はトレンドの転換点としてシンプルに意識されやすいのです。

ダブルトップ、ダブルボトムのイメージ

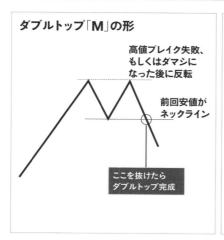

ダブルトップ「M」の形

高値ブレイク失敗、もしくはダマシになった後に反転

前回安値がネックライン

ここを抜けたらダブルトップ完成

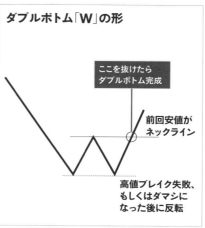

ダブルボトム「W」の形

ここを抜けたらダブルボトム完成

前回安値がネックライン

高値ブレイク失敗、もしくはダマシになった後に反転

ダブルトップ、ダブルボトムはシンプルなパターンで、相場の天井や底で現れると転換が意識されやすい。ネックラインを抜けるとパターン完成と判断する

004

「ヒゲ」に注目してダブルトップ（ボトム）の確度を上げる

少しブレイクしてからすぐに反転する動きに注目

　ダブルトップやダブルボトムを使って反転するタイミングを分析していく場合、「ヒゲ」に注目するとより精度が上がります。

　例えば下のチャートでは、前回安値に引いた水平線をAのローソク足でブレイクしようとしましたが、長いヒゲをつけて反転し、ダブルボトムとなっています。こうした長いヒゲは、ブレイクしようとする方向と反対の力（ここでは買い）が強いことがある程度想定できます。そのた

め、長いヒゲを伴ったローソク足が出ると、続く動きでダブルトップやダブルボトムの完成が意識されやすくなり、それが反転の動きにつながります。

　ふたつの安値（高値）の位置について、この例のように、少しブレイクしてからすぐに反転し、長いヒゲができるようなローソク足が出るようなケースでは、ダブルトップやダブルボトムにつながる動きになる可能性が高くなります。

長いヒゲが出現して反転したパターン

ダブルボトム

長いヒゲをつけた
ローソク足出現後
に反転

A

米ドル/円　15分足
2020年
ダブルボトムのパターンが出てから反転したチャート。前回安値をブレイクしてから強い買いが入ったことで長いヒゲが出現し、そこから買いが続いている

005

「トライアングル」「フラッグ」はトレンドの勢いが強くなる

トレンド途中に出現すると、買い手と売り手の均衡を示す

チャートパターンのうち、トレンドがひと段落した後に、再度トレンドが継続するかどうかを判断するのに役立つのが、「トライアングル」や「フラッグ」と呼ばれるパターンです。

「先端が収束するかどうか」という点があるだけで、どちらのパターンも、形が完成した後にトレンド方向にブレイクすれば、トレンド継続の判断をする、という見方をします。トレンド途中にこうした規則性のあるパターンが形成されるということは、買いと売りの勢力が均衡していることを示唆しています。

この均衡が崩れると、崩れた方の損切注文や、反対側の新規注文が集中するので、トレンド方向への勢いが強くなる傾向があるのです。

トライアングル、フラッグが出現しているチャート

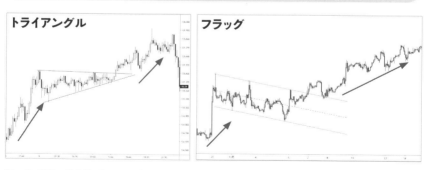

トライアングル

フラッグ

左　ポンド/円　15分足　トライアングルの上方向にブレイクして、上への動きにつながっている
右　米ドル/カナダドル　1時間足　こちらも上方向にブレイク後、上昇の動きにつながった

006

パターン形成後のブレイクは 一呼吸置くといい場合もある

ネックラインブレイク後の値動きに注目

チャートパターンは、シンプルゆえに機能する場面が多々あるテクニカルですが、状況によっては教科書通りの対応をしないほうがいい場合もあります。例えば、「逆三尊はネックラインの上抜けで完成」という情報は、相場において広く知られているので、ネックライン付近で価格の上下が起きやすく、ダマシになって再度トレンド方向に反転するケースも時折見られます。

そうしたダマシを回避するためには、ネックラインをブレイクした

ローソク足でエントリーするのではなく、一呼吸置いて、「ネックラインまでの押しを待ってからエントリー」を行うのです。

押しや戻りを待つ場合、ブレイク後の初動で置いて行かれることもありますが、「より有利な場所でエントリーする」という意味では有効なテクニックです。

これは例に出した三尊以外にも、ダブルトップ（ボトム）やトライアングル、フラッグなどに共通しています。

Section.4 チャートパターン

戻しを待ってからエントリー

米ドル/円　4時間足　2019年10月〜11月　ネックラインのブレイクで三尊完成だが、ブレイク後一呼吸置いて戻りを待つと、より精度の高いエントリーができる場合がある

007 パターン分析はトレーダーの心理を踏まえると理解が深まる

単に形で覚えるのではなく
なぜパターンが意識されるのかを考える

チャートパターンを使った分析においては、もちろん「パターン」を把握しておくことも重要なのですが、それ以前に「なぜ、これらのパターンが意識されるのか」という部分を考えると、より理解が深まります。

例えば、三尊のパターンで考えてみましょう。図①は三尊におけるみっつ目の山が完成する前の状況です。この状況を客観的に見ると、仮に前回の高値を超えてくると上昇トレンドが継続となります。

トレンドの継続を想定すると、図の中で○で囲んだ箇所が押し目を狙った買いで入りやすいポイントとなります。

そうなると、このタイミングで買った人や、そのひとつ前の押し目で買った人は、反転した際に損失を最小限にとどめるため、損切り注文を同時に出すわけですが、その目印となるのが、直近の安値Aや、その前の安値であるBの価格帯です。

では次に、三尊の完成前には、上昇トレンドの継続を想定したトレーダーの動きがあることを前提に図②を見てください。

こちらは、先ほどのチャートの続きで、ふたつ目の山を超えることができずに三尊が完成し、その後トレンドが反転しています。

ここで注目すべきは「どこで相場に参加する人達の心理が反転したのか」という点です。ネックラインを割ったことで「上昇トレンドの継続失敗」が意識されていますが、そこに加えて、AとBの損切り注文が執行されることで、さらに売りの動きが加速しています。

あくまで一例ですが、三尊の場合は「ネックラインを割ったら売り」と覚えるのではなく、「どのポイントで反転が意識されるのか」「どのように動けば売りが加速するのか」といった点を考えながら次の動きを想定すると、より分析の精度が上がります。

また、これは三尊に限った話ではなく、ダブルトップ（ボトム）やトライアングルなど、他のパターンでも同様です。

トレーダーの心理を考えてみる（三尊の場合）

図① ユーロ/米ドル 4時間足 2020年1月～2月 三尊ができる直前は上昇トレンド継続中。〇のポイントで押し目買いがある場合、AやBのライン付近に押し目で買ったトレーダーの損切り注文が集中しやすい

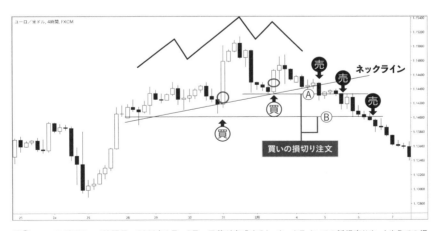

図② ユーロ/米ドル 4時間足 2020年1月～2月 三尊が完成すると、ネックラインでの新規売りや、AやBでの損切りなど売りが重なるため、売買のバランスが売りに傾くため反転が意識されやすくなる

Section.4 チャートパターン

175

008

三尊、逆三尊は移動平均線までの押しを待って精度を上げる

反転時は押しが複数重なるポイントまで待つことでより有利な場面でエントリーできる

　noriさんは価格の反転を狙ったトレードを行う際、三尊や逆三尊と移動平均線やラインを組み合わせて精度を上げています。

　右ページの図①〜④は豪ドル/円で逆三尊が出現した後のnoriさんの判断を図解したものです。

　図①では、前回高値であるAのポイントを直近の値動きで超えてきているため、トレンドの反転がある程度予想されます。ここですぐに買うという選択肢もありますが、高値掴みを避けるためにも、noriさんは基本的には押しを待ってからエントリーします。

　具体的には移動平均線（20SMA）と逆三尊の右肩、という2つの視点で見ていきます。図②では図①のチャートに逆三尊ができた場合のネックラインを引いています。

　その後、逆三尊ができた場合、右肩部分がどの位置に来るかは、ある程度想定できます（ネックラインの逆側に引いたチャネルライン）。この部分まで押してきたときに、移動平均線で綺麗に反応すればエントリーするというプランです。

　この戦略をもとに図③を見てみましょう。想定通り、逆三尊の右肩＋移動平均線まで押してから反発しています。さらに上方向に対して切り下げラインが引けるので、このラインをブレイクしたらエントリーします。

　また、決済をどこで行うかという判断も逆三尊を活用します。具体的には「ネックラインの傾き」を使って、BとCの高値を起点にラインを延長しておきます。

　図④はエントリー後の値動きで、図③の時点で引いたBにタッチした時点で、ポジションの半分を決済、Cのラインに到達したタイミングで全決済して一連のトレードを終えています。

　三尊、逆三尊におけるネックラインは、その後の値動きにおいても意識されやすく、BやCのように目立った高値や安値からネックラインと同じ角度でラインを引いておくと、決済の目安として活用することができるとnoriさんは考えています。

逆三尊に移動平均線とラインを加えて分析

図① 直近の値動きが前回高値であるAを超えてきたため、買いたい場面。押しをどこで待つかを考える

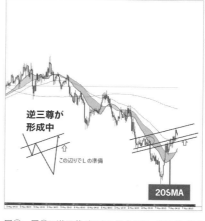

図② 図①に逆三尊ができた場合のネックラインを引く。右肩の位置をラインと移動平均線で判断

図③ 想定通り押したら、切り下げラインのブレイクでエントリー。決済は逆三尊の傾きを利用してBとCにラインを引き、目標を想定しておく

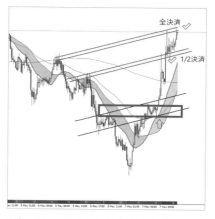

図④ 上昇したら、B到達で半分、C到達で全決済。

009

パターン分析は複数重なるほど
意識される

移動平均線での分析＋チャートパターンの重なりで
より有利な場所を探す

noriさんが移動平均線とラインを用いたチャート分析を行う際に、トレンド方向に沿ったチャートパターンが複数重なると、エントリーに有利だといいます。

例えば図①は、3本の移動平均線の組み合わせから、下げの局面と考え、noriさんは実際にAの矢印を置いたポイントでエントリーしています。

このエントリーに至るまでの値動きを見ていくと、典型的なチャートパターンが複数重なっていることがわかります。

まずは、3つの高値を作った三尊です。下降トレンドに対して引いた切り上げラインがネックラインとして機能していて、このラインのブレイクで「三尊」が完成しています。

また、三尊の3つ目の山を細かく見ていくと、M字状に2つの高値を付けた後に反転していて、「ダブルトップ」を形成しています。

さらに三尊の2つ目の山からダブルトップのネックライン下抜けまでの動きを見ると、「トライアングル」となっており、Aの矢印付近での下

向きの動きは「三尊」「ダブルトップ」「トライアングル」という、3つのチャートパターンにおけるブレイクにつながっているのです。

元々、移動平均線だけを見ても、下向きのトレンドが継続する可能性が高いと判断できる状況ですが、ここに3つのチャートパターンが重なることによって、売りのエントリーには非常に有利な場所だと判断できるのです。

また、Section2の015で解説したチャネルラインを応用して、トライアングルの上辺と並行なチャネルラインを高値から引いておき、到達したら利確しています。

ただ、こうしたチャートパターンが重なるような有利なポイントは、続く動きでもトレンド方向に進むことが多いため、戻りで入れそうなら再トライする準備をしておいた方がいいでしょう。

複数のパターンが重なった例

三本の移動平均線
下げのパターン

A

図① 豪ドル/米ドル 15分足
下降トレンドが一度押して、再度トレンド方向に向かう動きを狙ったトレード

上記のチャートに3つのパターンがある

三尊

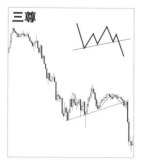

図② 図①でできたパターンを分解すると、三尊のパターンが確認できる

ダブルトップ

図③ 持ち合いの先端ではダブルトップが確認できる

トライアングル

図④ 図③のダブルトップを含めてトライアングルが確認できる

010

チャートパターンでのエントリーは
損切り注文とワンセットで考える

狙いたい目標値によって
エントリーと損切りの場所を決める

　チャートパターンを使った分析というと、基本的には「ネックラインのブレイクを見てエントリー」というように、エントリーを行うポイントをどう判断するか、という文脈で語られがちです。

　ただ、トレードはエントリーと損切り注文とワンセットで考える必要があります。損切り注文をどこに置くかによって、エントリーの位置も変わってきます。

　例えば、図①のようなトライアングルのパターンが出た際のエントリーについて考えてみましょう。このように下向きのトレンドの中では、教科書的に考えると、下辺の切り上げラインをブレイクしたタイミングでエントリーします。

　その場合、損切り注文の場所は直近の高値（A）に置くことが多いのではないでしょうか。

　仮に損切り注文とエントリーの幅に対して2倍の値幅を狙うトレードを行う場合、図①の注文幅のイメージで示したような形になります。

　もちろん、このような値幅が狙える状況であるならば、問題ないトレードですが、トレンド終盤や持ち合いに入る直前に大きな値幅でトレンド方向に動いている場合などは、チャートパターンのブレイク後に大きく上方向に調整してくる可能性もあります。

　そのようなケースでは、狙う値幅を、図②の安値Bなど、短めの位置に設定することもあります。

　ただ、こうしたトレードを行う場合、図②のようにトライアングル下辺のブレイクでエントリーしてしまうと、利確目標に対して損切り幅の方が大きくなるため、あまり現実的なトレードではありません。

　そこで、損切り注文の位置をAから変更しない場合は、図③で示したように、エントリー位置をトライアングルのブレイク前に設定することで、図①と同じ比率でトレードを行うことができます。

損切り注文の場所によってエントリーする場所を変更

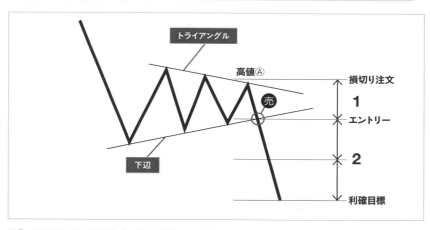

図① トライアングルの下辺をブレイクした場合のエントリーのイメージ。
リスクリワード比率1:2で考えた場合、エントリーと損切りの位置が離れるほど、利確目標も遠くなる

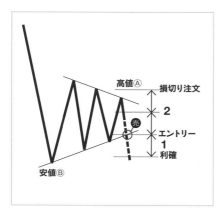

図② Aに損切り注文を置くとして、トライアングルのブレイクでエントリーした場合、狙う値幅に対して損切り幅の方が大きくなってしまう

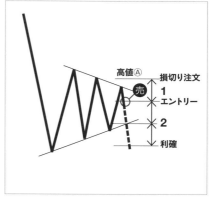

図③ エントリーの場所を変えることで、図①と同じ比率でトレードができる

Section.4　チャートパターン

Section.5
出来高・注文状況

001

ツールで出来高を確認する場合は、集計方法を考慮する

ティックで集計する場合はあくまで「代用」

　ＦＸにおいても出来高の概念は存在し、ツールによっては株取引と同じ形でチャート上に表示することができます。

　ただ、本来、出来高は一定期間内に成立した売買の数をグラフ化したものなので、相対取引が基本のＦＸでは世界中の売買を統計として取るのは困難です。

　このことから、メタトレーダーや

Tradingviewなどでは、ティック数（レートの更新頻度）を出来高として表示しています。レートの更新頻度が高ければ値動きが活発と判断できるため、出来高に近い動きになりますが、あくまで「代用」という認識はしておくべきでしょう。

　もし厳密に売買の数で出来高を確認したい場合は、ＣＭＥの通貨先物などを参考するようにしましょう。

出来高を表示させたチャート

Tradingviewで表示させたユーロ/米ドル　15分足
こちらの出来高はTick数をもとに計算されている
Tradingview
https://jp.tradingview.com/

出来高（Tick数で計算）

出来高（売買の一致数で計算）

CMEで提供されているユーロ/米ドル先物　9月限の15分足チャート
こちらは純粋な出来高
https://www.cmegroup.com/ja/trading/fx/g10/euro-fx.html

通貨先物　将来の特定の日を決済日として通貨を取引すること

002

出来高を使って「取引しない 場所」を明確にする

通貨ペアによって出来高の傾向は少し異なる

特にスキャルピングなどの短期取引では、ボラティリティの有無が収支に大きく影響します。例えば、ボラティリティの高い状況で取引したいと考えている場合、あらかじめ出来高を見て「取引しない場所」を避けておくと、その後の展開を有利に運ぶことができます。

例えば図①はユーロ/米ドルの15分足チャートですが、1日の中でオセアニア～東京市場の時間帯は出来高が明確に低くなっていて、そこか

らロンドン～ＮＹ市場の時間はボラティリティが高い傾向にあります。

一方で図②の米ドル/円では東京市場の主役は円であるため、図①と比較して午前9時前後にもボラティリティがあるということがわかります。このように、通貨ペアごとの特性を踏まえると、一概に「ロンドン～ＮＹ市場だけがボラティリティが高い」というわけではないため、出来高を使って、視覚化する方法が有効なのです。

出来高はボラティリティを視覚化する方法のひとつ

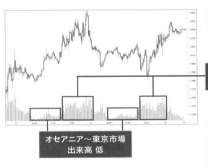

図①　ユーロ/米ドル　15分足
2020年　オセアニア～東京時間は出来高が低い

ロンドン～NY市場
出来高 高

オセアニア～東京市場
出来高 低

図②　米ドル/円　15分足
東京市場が開く9時以降、出来高が比較的大きい

東京市場の時間帯も
比較的出来高がある

003

相場の注目度を可視化する価格帯別出来高

停滞しやすいのか、動きやすい価格帯にいるかの判断ができる

　出来高はSection5の001で紹介したような縦軸タイプのほか、下の図のように価格ごとの出来高を示す「価格帯別出来高」という種類もあります。価格帯別出来高を使う最大のメリットは、その時々の相場において「注目されている価格帯」が一目で確認できるという点です。注目度の高低によって、価格が動きやすい価格帯なのか、停滞しやすい相場なのかが一目でわかるのです。

　下の図はポンド/米ドルの1時間足チャートの横軸に価格帯別出来高

を表示させたものです。Aのゾーンは上昇トレンドの天井圏でレンジになっており、それに伴い出来高も厚くなっています。こうした価格帯は相場において注目度が高いため、どちらかの方向に価格が動いても、押し戻されてレンジが継続する可能性が高いのです。一方でBのゾーンは、過去の売買において買いが極端に多く、出来高も薄い価格帯です。仮にAからBのゾーンに移った場合、価格の動きも早くなる可能性が高いと想定することができます。

価格帯別出来高を表示させたチャート

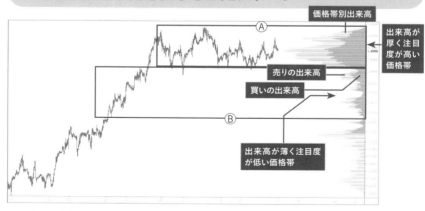

ポンドドル　1時間足　2020年
Aのゾーンのように価格帯別出来高が厚くなると、相場の注目度も高まり、一度抜けても戻してくることも多い

Section.5　出来高・注文状況

004

価格帯別出来高を使って「効く」水平線を判断

意識されやすい水平線と組み合わせる

　価格帯別出来高の使い方として有効なのは、キリ番や前回高値（安値）など、意識されやすい水平線と組み合わせる方法です。

　例えば下のチャートのポンド/円の15分足チャートには、キリ番に50pips刻みで引いた水平線と価格帯別出来高を表示しています。

　仮にＡのポイントで買いエントリーを行ったとすると、この状況で当面の目標は127.000もしくは

127.500のキリ番が注目されます。ただ、ここで127.000前後の価格帯別出来高を見ると、過去の売買が少ないため出来高も薄くなっています。

　一方で上の127.500前後の方が価格帯別出来高も厚くなっているため、想定通り価格が上昇した場合、127.500のラインの方が当面の抵抗帯として意識されやすいと判断できるのです。

キリ番と価格帯別出来高を組み合わせた例

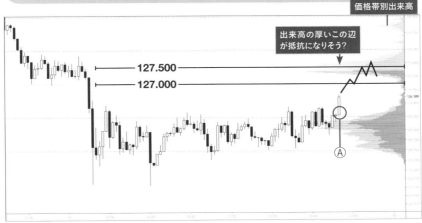

価格帯別出来高

出来高の厚いこの辺
が抵抗になりそう？

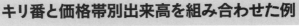
127.500
127.000

126.589

Ａ

ポンド/円　15分足　価格帯別出来高が厚いポイントに価格が集まりやすいという特性を踏まえると、127.500を目標値として考えやすい

005

価格帯別出来高を使って
ブレイクアウトの精度を上げる

水平線ブレイクと組み合わせてエントリーの確度を上げる

価格帯別出来高は水平線ブレイクを使ったエントリーの精度を高める目的でも使用できます。

例えば図①の状況では、レンジからのブレイクを狙って買いで入ろうとすると、目印としたい高値の候補がいくつかあるため、迷いやすいポイントです。

こうしたケースでは価格帯別出来高の「段差」に注目してみましょう。

図②はレンジの上限付近で価格帯別出来高が急に減ることで段差になった部分を面で示しています。

前述したように、価格帯別出来高が薄くなっているポイントは値動きが加速しやすくなるため、このゾーンがレンジとトレンドの境界線として意識されるのです。

価格帯別出来高を表示させたチャート

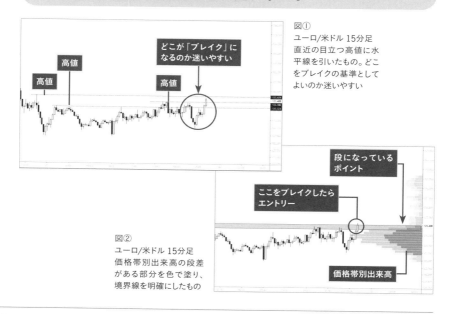

図①
ユーロ/米ドル 15分足
直近の目立つ高値に水平線を引いたもの。どこをブレイクの基準としてよいのか迷いやすい

図②
ユーロ/米ドル 15分足
価格帯別出来高の段差がある部分を色で塗り、境界線を明確にしたもの

006

注文状況を参照する場合は FX業者ごとに注意する

顧客の注文データをグラフで確認できる

出来高と同様に、値動き以外の情報として個人投資家に注目されているのが「注文状況」です。

注文状況とは文字通り、各FX業者が公開している、顧客の指値・逆指値注文（もしくは未決済の売買注文）をグラフ化したものです。

下の2つの画像は、それぞれ外為ドットコムとOANDAが提供している、ドル円の注文状況で、どちらも見方は同じです。左上が「売りの指値注文」、右上が「買いの逆指値注文」、左下が「売りの逆指値注文」、右下が「買いの指値注文」となっています。これらのデータはあくまで各FX業者ごとに集計している個人トレーダーの注文状況なので、選ぶFX業者によってデータが異なる点や、機関投資家の注文状況は考慮されていない点は注意が必要です。

Section.5　出来高・注文状況

FX業者ごとに配信しているデータは異なる

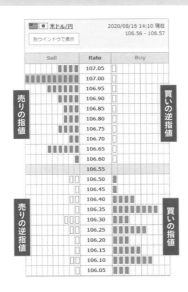

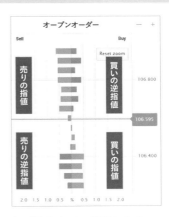

左　外為ドットコムで公開されている
「外為注文状況（※1）」
右　OANDAJAPANで公開されている
「オープンオーダー（※2）」
どちらも4つの注文の見方は同様

※1　https://www.gaitame.com/markets/tool/
※2　https://www.oanda.jp/lab-education/oanda_lab/oanda_rab/open_position/

189

注文状況を使って将来
注目されそうな価格帯を把握

損切り注文の偏っている価格帯があれば
将来的に反対方向の圧力になる

　注文状況を確認することで得られる最大のメリットは、そのFX業者を利用しているトレーダーが、今後の相場の変化をどのように予測しているのかを把握できるという点です。

　例えば、図①は外為ドットコムで公開されている、ユーロ/米ドルの注文状況です。右上を見ると、1.1910～1.1920の価格帯に買いの逆指値注文が多く入っているのがわかります。

　買いの逆指値注文は、言い換えると現在売りのポジションを持っているトレーダーの損切り注文です。つまり、この注文状況を見ると、2020年8月16日現在、外為ドットコムを使っていて、ユーロ/米ドルの取引をしているトレーダーのうち、売りのポジションを持っているトレーダーは、1.1910～1.1920の価格帯に損切り注文をたくさん置いている、という判断が可能です。

　この情報を前提に図②のチャート（ユーロ/米ドル　1時間足）を見ると、8月前半でダブルトップを形成した後に価格が停滞しています。

　この状況を踏まえると、図①において1.1910～1.1920に固まっている損切り注文というのは、このレンジの間に、相場が下向きに反転することを予測して、売りのポジションを持ったトレーダーの損切り注文だという想定ができます。

　仮に現在値から、価格が上昇して1.1910～1.1920に達した場合、ここに損切り注文を置いているトレーダーのポジションは反対売買によって決済されるため、買いの圧力が強まります。また、上昇トレンドと判断して新規で買うトレーダーも参入してくるので、1.1910～1.1920は今後の相場において注目のポイントと考えることができるのです。

　ダブルトップや直近の高値というのは、元々こうした売り手の損切り注文が置かれやすい傾向がありますが、注文状況を参照することで、実際にどの程度、トレーダーの間で注目度があるかを確認できるようになります。その意味で、注文状況はテクニカルと組み合わせるとより効果的です。

注文状況をテクニカルと組み合わせる

Sell				Rate	Buy			
				1.1940				
				1.1930				
				1.1920				
				1.1910				
				1.1900				
				1.1890				
				1.1880				
				1.1870				
				1.1860				
				1.1850				
				1.1840				
				1.1830				
				1.1820				
				1.1810				
				1.1800				
				1.1790				
				1.1780				
				1.1770				
				1.1760				
				1.1750				
				1.1740				

ユーロ/米ドル　2020/08/16 14:50 現在
1.184 - 1.1841
別ウインドウで表示

図①
外為ドットコムの　「注文状況」
ユーロ/米ドル　2020年8月16日
1.1910〜1.1920に売り手の損切り注文が
固まって集中している

買いの逆指値
（売っている人の損切り注文が
ここに重っている）

図②　ユーロ/米ドル　1時間足
図①における売り手の損切り注文が固まって
いるエリアを視覚化すると以下のようになる

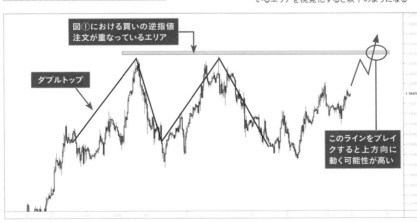

図①における買いの逆指値
注文が重なっているエリア

ダブルトップ

このラインをブレイ
クすると上方向に
動く可能性が高い

結果を勝ち取る！
実戦のFXテクニカル

2020年9月15日　発行
2022年8月31日　第2刷発行

著者

中野佑也

編集プロダクションにおいて「ずっと使えるFXチャート分析の基本」「稼ぐ人の株投資 億超えの方程式」シリーズ、「テーマ株 株価上昇 銘柄マップ 2019」「マンガでわかる15年勝ち続ける　億超え投資家の株の基本」など、多くの投資関連の書籍・ムックを担当。2019年以降は、フリーのライター・編集者として活動している。

監修者

Dakar

メーカーの事務方において、外国為替チームに所属している。兼業FXトレーダー。その仕事内容から実需での為替取引に詳しく、個人としても2014年から50万円からFXを始めたところ数年で4億円以上稼ぎ一躍話題に。雑誌、ラジオ、サイトなど掲載多数。
大手企業為替担当DakarのFXブログ
https://fx-dakar.com/

nori

2020年現在でFXトレーダー17年目。元カバーディーラー。シンプルな取引を心がけ、月100万〜200万円程度の収益を上げている。
2019年からブログにおいて100万円を複利で1億円にできるか実験中。
noriのＦＸで生きていく！【100万円⇒1億円編】
http://blog.livedoor.jp/nori_nosuke/

田向宏行

大学卒業後、資格試験に挑戦するが挫折。就職できず仕方なく起業。事業経営の間も金や株に投資。事業譲渡後の現在は個人投資家として活動。2009年からブログ「虹色FX」を始め、月刊「FX攻略.com」でのコラム連載やツイッター (@maru3rd) などでも随時情報発信している。
著書に「臆病な人でも勝てるFX入門」、「1日2回のチャートチェックで手堅く勝てる兼業FX」、「ずっと使えるＦＸチャート分析の基本」、「相場の壁とレンジで稼ぐFX」がある。他にはDVDや共著数冊。
虹色FX
http://maru3rd.blog85.fc2.com/

著者	中野佑也
カバー・本文装丁	越智健夫
DTP・図版作成	佐藤修

発行人	佐藤孔建
編集人	梅村俊広
発行・発売	〒160-0008
	東京都新宿区四谷三栄町12-4竹田ビル3F
	スタンダーズ株式会社
	TEL：03-6380-6132
印刷所	三松堂株式会社

●本書の内容についてのお問い合わせは、下記メールアドレスにて、書名、ページ数とどこの箇所かを明記の上、ご連絡ください。ご質問の内容によってはお答えできないものや返答に時間がかかってしまうものもあります。予めご了承ください。●お電話での質問、本書の内容を超えるご質問などには一切お答えできませんので、予めご了承ください。●落丁本、乱丁本など不良品については、小社営業部 (TEL:03-6380-6132) までお願いします。
e-mail：info@standards.co.jp

Printed in Japan

お読みください

FX（外国為替証拠金取引）は、資金を超える損失が発生するリスクを伴う取引です。
本書は情報の提供を目的としたもので、その手法や知識について、勧誘や売買を推奨するものではありません。
本書で解説している内容に関して万全を期しておりますが、その情報の正確性及び完全性を保証するものではありません。
製作、販売、および著者は、本書の情報による投資の結果に責任を負いません。
実際の投資にはご自身の判断と責任でご判断ください。